**ZICHTBAAR, TASTBAAR, ZIN\**

# ZICHTBAAR, TASTBAAR, ZINVOL

**HILTRUD PÖTZ, PIERRE BLEUZÉ**  NAi UITGEVERS

De integratie van natuur en techniek in de vormgeving van stedelijk water

NAi UITGEVERS

## COLOFON

Deze publicatie werd mede mogelijk gemaakt door financiële bijdragen van het
Stimuleringsfonds voor Architectuur
Ministerie van Volkshuisvesting, Ruimtelijke Ordening en Milieubeheer/Project Kwaliteit op Locatie
Ministerie van Verkeer en Waterstaat/Directoraat-Generaal/Hoofddirectie van de Waterstaat.

In het bijzonder danken wij Herbert Dreiseitl en Thomas Hoffman van Atelier Dreiseitl voor de inspiratie die van hen en hun werk uitgaat. Verder danken we voor het welwillende verstrekken van informatie en illustratiemateriaal: mevrouw L.M. Copijn, dRO Gemeente Amsterdam/ Projectbureau IJburg, Govert Geldof (Tauw), Björn Guterstam, H+N+S Landschapsarchitecten, Eddie de Jong (Kuiper Compagnons), mevrouw A. Latz, Erick de Lyon, Maik Mager, Jochem Zeisel en medewerkers van Büro Deubner, en Zwarts & Jansma Architecten.

De auteurs Hiltrud Pötz en Pierre Bleuzé zijn oprichters van opMAAT,
duurzame architectuur en systeemontwikkeling te Delft

| | |
|---|---|
| Tekstbijdragen: | Marieke Sleypen, opMAAT |
| Ontwerp: | Manifesta, Ad van der Kouwe, Rotterdam |
| Drukker: | Snoeck Ducaju & Zn., Gent |
| Productie: | Els Brinkman |
| Uitgever: | Simon Franke |
| Omslag: | BuGA '97, Gelsenkirchen, ontwerp Atelier Dreiseitl, foto: Tom Croes |

Illustratieverantwoording
opMAAT met uitzondering van: Atelier Dreiseitl 28, 29r.o., 53b, 54, 55m.o., 57-59, 60, 95, 98, 99, Lucius Burkhard 7, Copijn 85-87, H. Deubner 69-71, dRO Vormgeving Fotobureau, Amsterdam 127-129, Courtesy K. Gustafson 48o, B. Guterstam 73-77, H+N+S 44, 124, 125, IBA Emscher Park 31b, 35l, R. Kilian 68, Kuiper Compagnons 51, 52, Latz und Partners 33b, 34r, 35r, 37, 38, 39, 40, Michael Latz 32,33o, *Lina Bo Bardi*, Charta, Milaan 1994 84, E. de Lyon 110-113, J. Pfeiffer, H. Reinhard, B.-C. Möller/FOCUS 49, Projectbureau Leidsche Rijn 122, 123, E. Roelofs 102, 103, Walther Roggenkamp 12,13,14b, Sadatoshi Taneda 14, TauwMabeg 63o, 64b, TauwMabeg, E. van Beurden 63m 64o, Unger 8, ZinCo, S. Natterer 48b, Zwarts en Jansma 90, 91
Tekeningen: Martijn de Koning, opMAAT

© NAi Uitgevers, Rotterdam, 1998
Alle rechten voorbehouden. Niets uit deze uitgave mag worden verveelvoudigd, opgeslagen in een geautomatiseerd gegevensbestand, of openbaar gemaakt, in enige vorm of op enige wijze, hetzij elektronisch, mechanisch, door fotokopieën, opnamen, of enige andere manier, zonder voorafgaande schriftelijke toestemming van de uitgever. Voor zover het maken van kopieën uit deze uitgave is toegestaan op grond van artikel 16B Auteurswet 1912j[o] het Besluit van 20 juni 1974, Stb. 351, zoals gewijzigd bij Besluit van 23 augustus 1985, Stb. 471 en artikel 17 Auteurswet 1912, dient men de daarvoor wettelijk verschuldigde vergoeding te voldoen aan de Stichting Reprorecht (Postbus 882, 1180 AW Amstelveen). Voor het overnemen van gedeelte(n) uit deze uitgave in bloemlezingen, readers en andere compilatiewerken (artikel 16 Auteurswet 1912) dient men zich tot de uitgever te wenden.

Van werken van beeldende kunstenaars, aangesloten bij een CISAC-organisatie, zijn de publicatierechten geregeld met Beeldrecht te Amsterdam. © 1998, c/o Beeldrecht Amsterdam

Niet alle rechthebbenden van de gebruikte illustraties konden worden achterhaald. Belanghebbenden wordt verzocht contact op te nemen met NAi Uitgevers, Postbus 237, 3000 AE Rotterdam.

# Inhoud

| | |
|---|---|
| 6 | **INLEIDING** |
| 7 | **WATERBEHEER: STAND VAN ZAKEN** |
| 11 | **WATER BELEVEN** |
| 15 | **KRINGLOPEN** |
| 17 | **BODEM** |
| 19 | **ACTUELE SITUATIE** |
| 25 | **ZICHTBAAR MAKEN** |
| 26 | **BOVENGRONDSE AFVOER** — Waterprojecten IBA Ruhrgebied / Universiteit Ulm / Van Diemenstraat e.o., Utrecht |
| 44 | **BUFFEREN** — Heerlen / Daimler Benz Ag/Potsdamer Platz, Berlijn |
| 60 | **INFILTRATIE** — Enschede-Ruwenbosch |
| 65 | **HERGEBRUIK VAN WATER** — Living Machine, Findhorn, Schotland / Gärtnerhof, Wenen / Aquacultuur Stensund, Zweden / Dessauerstrasse, Berlijn / Polderdrift, Arnhem |
| 82 | **KLIMATISERING** — Hoofdkantoor ING-bank, Amsterdam / Ökohaus, Frankfurt / Nederlands paviljoen wereldtentoonstelling Sevilla / Minnaertgebouw, Utrecht |
| 94 | **SPELEN** — Schafbrühl, Tübingen / Waterspeeltuin IJsselboulevard, Zutphen |
| 101 | **KUNST** — Waterwerk Nederlands Architectuurinstituut, Rotterdam / Parc André Citroën, Parijs / DLO-Staring Centrum, Wageningen / Vrolikstraat, Amsterdam / Gemaal Middelveldsche Akerpolder, Amsterdam-Osdorp |
| 114 | **NATUURONTWIKKELING** — Middelveldsche Akerpolder, Amsterdam-Osdorp / Leidsche Rijn, Utrecht / Amsterdam-IJburg |
| 130 | **HOE VERDER?** |
| 131 | **LITERATUUR** |
| 132 | **ADRESSEN** |

# Inleiding

## MILIEU EN VORMGEVING

De relatie tussen milieu en vormgeving is in Nederland onderbelicht. De overheden richtten zich in het verleden voornamelijk op publicaties met een voorlichtend karakter met betrekking tot materiaalgebruik, energiebesparing, natuurbeheer en waterbeheer. De voorbeelden in deze publicatie laten zien dat duurzaam waterbeheer grote kansen biedt voor de verbetering van de belevingskwaliteit van gebouwen en woonwijken. Deze studie legt daarom de nadruk op vormgeving en architectuur en niet op de technische uitwerking van milieuaspecten.

## RESULTAAT

Deze publicatie is een bundeling van basisinformatie en een projectenoverzicht die stedelijk waterbeheer in een breder kader plaatst en beleidsmakers, ontwerpers, technici en opdrachtgevers zal inspireren tot creatieve processen en bewuste kwalitatieve keuzen mogelijk maakt. Vormgeving is bij uitstek het middel om tot een synthese te komen tussen natuurbehoud en de voor een geïndustrialiseerde samenleving noodzakelijke techniek. De afgelopen jaren is een groot aantal publicaties met betrekking tot duurzaam waterbeheer verschenen. Bijna alle publicaties geven normatieve aanbevelingen met betrekking tot grondstofgebruik (materialen, water, energie). De link tussen architectuur/esthetiek en milieu wordt nauwelijks gelegd. Zo lijkt het dan ook alsof er geen verband tussen deze gebieden bestaat. Deze studie laat zien dat deze tegenstelling gemaakt is en niet gegrond.

Aan de hand van voorbeelden wordt getoond hoe architecten en stedenbouwers in het verleden en heden duurzame projecten waarin het water geïntegreerd is wisten te realiseren, vaak zonder specifieke milieudoelstellingen als uitgangspunt maar als resultaat van een integraal op kwaliteit gericht ontwerpproces.

De voorbeelden zijn gerangschikt naar de volgende thema's:

▶ bovengrondse afvoer
▶ bufferen
▶ infiltratie
▶ hergebruik van water
▶ klimatisering
▶ spelen
▶ kunst
▶ natuurontwikkeling

Uit de praktijk blijkt dat er schakels voor een vruchtbare samenwerking tussen stedenbouwkundigen en civiel-ingenieurs ontbreken. Waterbeheerders zijn op zoek naar duurzame alternatieven en blijven dan vaak steken in technische oplossingen, die weliswaar milieutechnisch gezien een verbetering betekenen maar veel mogelijkheden op het gebied van integratie als vormgevingselement laten liggen. Aan de andere kant wint water weer als vormgevingselement binnen de stedenbouw aan betekenis maar hier blijft men dan vaak steken in esthetische toevoegingen zonder functie. Hiertussen ligt een niet-ontgonnen gebied met vele mogelijkheden. De gekozen voorbeelden laten zien dat door integratie van vormgeving, natuurfuncties en techniek, concepten zonder veel investeringen te realiseren zijn die resulteren in een aantrekkelijker en milieutechnisch beter project.

# Waterbeheer: stand van zaken

## PROBLEMATIEK

De waterbeheerders in Nederland, maar ook elders, kampen met een veelvoud aan problemen: stijgend gebruik van drinkwater bij schaarser wordende bronnen, stijgend afvalwatervolume, toenemende vervuiling van het oppervlaktewater en de hiermee verbonden stijgende kosten voor zuivering, verdrogingsverschijnselen en als gevolg hiervan verarming van flora en fauna. Verder vinden overstromingen plaats door de versnelde afvoer van het regenwater en de verlaagde buffercapaciteit van de rivieren.

Dit is slechts het technische deel van de problematiek. Daarnaast heeft het uit het zicht verdwijnen van de verschillende waterstromen (regenwater, rivieren, afvalwaterstromen) de vervreemding en dus verarming van het stadslandschap in de hand gewerkt. De vervreemding leidt weer tot een minder bewust gedrag en tot verspilling. Gevolg hiervan is een zekere uitbuiting van het land door de stad. De waterkringloop is slechts een voorbeeld van deze problematiek.

Op grond van deze problemen is er in toenemende mate aandacht voor alternatieven in het waterbeheer in relatie tot de gebouwde omgeving, om dreigingen als drinkwaterschaarste, overstromingen en een toenemende vervuiling van het oppervlaktewater te leren beheersen of nog beter, te voorkomen.

## STEDELIJKE WATERHUISHOUDING

Doelstelling van de waterhuishouding in de stad is te zorgen dat enerzijds de neerslag bij pieken geen schade veroorzaakt in of buiten de stad en anderzijds bij langer aanhoudende droogte in de stad en op het platteland geen problemen ontstaan.

De verschillende factoren in de waterbalans – neerslag en diverse vormen van afvalwater enerzijds en bevochtigingsverliezen, verdamping, infiltratie en eventueel (huishoudelijk) gebruik anderzijds – vormen geenszins een evenwichtig geheel. Een teveel aan neerslag wordt grotendeels via het riool afgevoerd, terwijl korte tijd daarna sprake kan zijn van droogte, waardoor weer water moet worden toegevoerd.

De mogelijkheden ter verbetering van deze onevenwichtige balans liggen onder andere

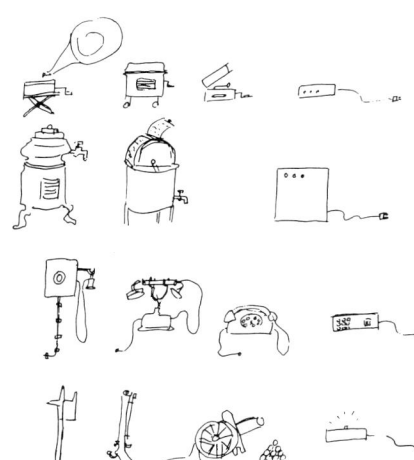

**Vervreemding door uniformiteit**

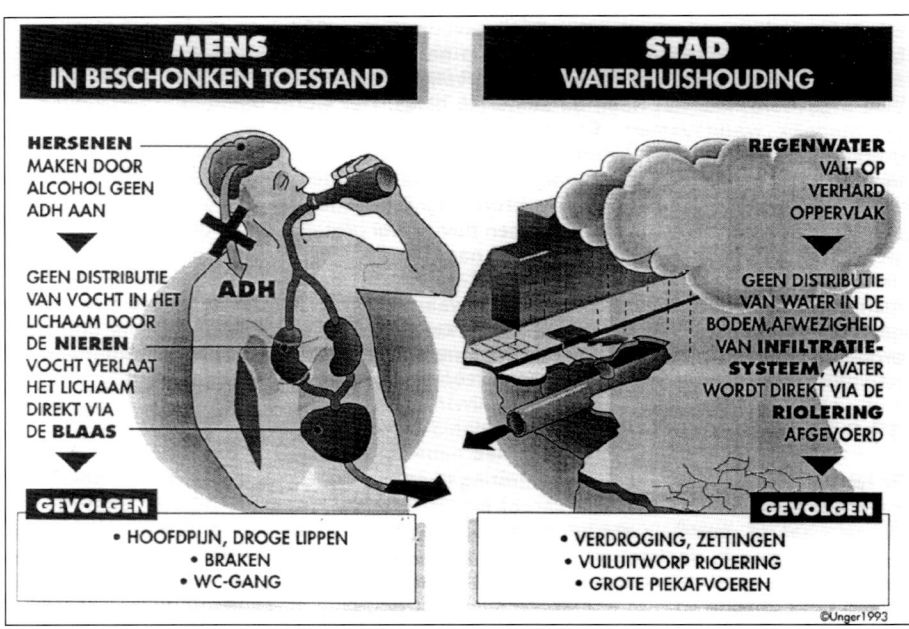

Klachten door
versnelde afvoer

op wijkniveau. Met bijvoorbeeld een op natuurlijker afvloeiing gericht waterbeheer – met meer infiltratie ter plekke in de bodem en nuttiger gebruik van regen- en afvalwater – en een meer op de locatiekarakteristieken gericht stedenbouwkundig ontwerp zouden veel moeite en geld bespaard worden ten opzichte van de artificiële onttrekking en toevoeging van water.

Alleen als we het water weer een waardevolle en prominente plaats in het gezicht van onze steden geven, zal het ook in ons bewustzijn een prominente plaats krijgen. Of moet het eerst in ons bewustzijn een prominente plaats krijgen voor het weer in onze steden als spirituele drager en oorsprong van alle leven verschijnt?

**BELEID**

Vanuit de overheid wordt eraan gewerkt om de genoemde problemen te verhelpen. Hiertoe zijn beleidsdoelstellingen geformuleerd in onder meer de *Vierde Nota over de Ruimtelijke Ordening*, het *Nationaal Milieubeleidsplan*, *Naar een glasheldere toekomst* en het *Natuurbeleidsplan*.

Het is nu van belang om deze doelstellingen op een zo efficiënt mogelijke manier in de praktijk te verwezenlijken, door ze in toepasbare maatregelen te vertalen.

Om tot werkelijk efficiënte oplossingen te komen, moeten de verschillende aspecten vanaf een conceptueel stadium worden geïntegreerd. De gewenste maatregelen in de vorm van een combinatie van centrale en decentrale systemen kunnen alleen worden uitgevoerd als een bewustwordingsproces van de stadsbewoners op gang wordt gebracht. Dit is mogelijk als het aspect van de vormgeving geïntegreerd wordt. Mensen hebben aandacht en respect voor datgene waarvan zij vinden dat het voor hen waarde heeft en hun levenskwaliteit verbetert. Wij denken dat de weg via de realisatie van voelbare kwaliteiten succesvoller is dan die van geboden en verboden.

Er is op dit moment van de kant van de vormgevers (architecten en stedenbouwers) nog maar beperkt interesse om anders te denken. Deze groep kan bij uitstek gemotiveerd worden via een presentatie van aantrekkelijk vormgegeven milieutechnieken en technische systemen.

### AANPAK VAN MILIEUPROBLEMEN

Door middel van de techniek oefent de mens invloed uit op het milieu en op de levenscondities van plant, dier en de mens zelf. Veel van de milieuproblemen die er nu zijn, zijn veroorzaakt door technische ingrepen. Deze ingrepen waren noodzakelijk om de veiligheid, de productiegroei in de landbouw en de voorziening van hygiënisch drinkwater te garanderen. Een kwantitatieve groei was noodzakelijk vanwege de bevolkingstoename en de groei van concentratiegebieden. Deze kwantitatieve groei moet nu samengaan met een meer op kwaliteit gerichte groei. De milieuproblemen kunnen niet door louter technische ingrepen worden opgelost. Maar in de techniek als cultuuruiting ligt een belangrijke mogelijkheid voor oplossingen van de milieuproblemen besloten.

Sinds het ontstaan van de door de industrialisatie en de bevolkingsgroei veroorzaakte milieuproblemen wordt getracht deze door middel van techniek op te lossen. In de ontwikkeling van de techniek ten bate van de beheersing van de milieuproblemen kunnen vier niveaus worden onderscheiden[1]:

▶ techniek volgens het 'end of the pipe'-principe;
▶ techniek volgens het symptoombestrijdingsprincipe;
▶ techniek volgens het probleempreventieprincipe;
▶ techniek volgens een integrale, op milieu- en vormgevingskwaliteiten gerichte aanpak.

Bij de techniek volgens het 'end of the pipe'-principe wordt het probleem met het huishoudelijk en industrieel afvalwater 'opgelost' via kanalen en leidingen. Het afvalwater wordt in zeeën en rivieren geloosd. Het schone drinkwater wordt uit verder weg liggende, minder aangetaste gebieden gehaald. De problemen worden niet opgelost maar alleen in ruimte en tijd verplaatst.

Bij de techniek volgens het symptoombestrijdingsprincipe worden de bestaande technische infrastructuren aangevuld met filters en zuiveringsinstallaties. Hierbij wordt niet het ontstaan van de problemen aangepakt maar wordt de ongecontroleerde verspreiding van de milieubelastende stoffen tegengegaan. Dit technische niveau is in Nederland inmiddels standaard. Maar ook bij deze benadering worden de problemen niet bij de bron aangepakt en stijgen de kosten ervan voor de gemeenschap.

Bij de techniek volgens het probleempreventieprincipe wordt ernaar gestreefd rekening te houden met ecologische wetmatigheden en kringlopen, aangezien iedere benadering die zich hieraan onttrekt op den duur spaak zal lopen. Duurzaam is alleen een technologie die rekening houdt met de eindige voorraden van grondstoffen en het beperkte regeneratieve vermogen van bronnen. Zo'n technologie teert niet in op de hulpbronnen van toekomstige generaties en belast het milieu niet uit gemakzucht. Doelstelling is hierbij de minimalisatie van grondstofgebruik, de afvalproductie en emissies. Op het gebied van duurzaam waterbeheer horen de waterbesparingstechnieken, hergebruik, regenwatergebruik en dergelijke tot het preventieve niveau. Deze technieken bevinden zich op dit moment in een ontwikkelingsstadium.

Bij de op een integratie van milieu- en vormgevingskwaliteit gerichte aanpak blijft de oplossing niet beperkt tot het gebied van de techniek zelf. Het is de bedoeling dat de gevonden oplossingen niet als last worden ervaren maar als een meerwaarde, en dus voor de mens levenskwaliteit toevoegen. Het leggen van een relatie tussen techniek en vormgeving, en de beleving hiervan en een meer actieve en verantwoordelijke rol van gebruikers, is een nieuwe benadering die zich nog in een pril stadium bevindt. Deze benadering maakt het mogelijk kwaliteiten toe te voegen in plaats van leefmilieu te verstoren.

Duurzaam waterbeheer is de integratie van verschillende disciplines, op niveau van wijk en regio, waardoor efficiëntie, belevingskwaliteit en ecologische waarden toenemen. Waterbeheer, natuurontwikkeling en vormgeving kunnen door middel van een creatieve aanpak op elkaar worden afgestemd. Aan de mogelijkheden van deze integratie wordt tot nu toe niet genoeg aandacht besteed. Om tot geaccepteerde en duurzame oplossingen te komen, is een zekere communicatie met de specifieke situatie noodzakelijk, en moeten niet, zoals tot nu toe gebruikelijk, van boven af bepaalde en gecentraliseerde systemen worden opgelegd. Om werkelijk efficiency en veiligheid te bereiken, is het van belang een optimale combinatie te ontwikkelen van centrale en decentrale systemen die zijn afgestemd op de situatie. Deze systemen houden rekening met het draagvermogen van de natuur en van de mens, oriënteren zich op natuurlijke kringlopen en maken gebruik van efficiënte techniek. Deze techniek dient aantrekkelijk en inzichtelijk te zijn om de vervreemding een halt toe te roepen en bij te dragen aan levenskwaliteit, bewustwording en verantwoording.

### INVESTERINGEN

In het kader van duurzaam waterbeheer zijn er investeringen gepland ter verbetering en herstel van riolen, bufferbekkens en zuiveringsinstallaties die in de miljarden lopen. Door nieuwe oplossingen – door bijvoorbeeld een deel van de noodzakelijke investeringen te gebruiken voor het vasthouden van regenwater, voor infiltreren of het vertraagd afvoeren en bufferen – kunnen deze investeringen tegelijkertijd aan de vormgeving, de beleving en de natuurlijke waarde van de wijk ten goede komen.

Het is nu de tijd om concepten te ontwikkelen om deze investeringen duurzaam te gebruiken.

1. Eckhard Hahn, Wolfgang Lautenschläger, Hiltrud Pötz, *Stand und Probleme der technischen Seite ökologischen Stadtumbaus*, Arbeitsgemeinschaft Ökologischer Stadtumbau, Berlijn 1989.

# Water beleven

## WATERCULTUS

Onze houding ten opzichte van water is in de loop van de laatste eeuwen drastisch gewijzigd. Het is vandaag vanzelfsprekend dat water voor het dagelijkse gebruik beschikbaar is. Tot een eeuw geleden was het halen van water met moeite verbonden. Tot enkele eeuwen geleden had water een ontzagwekkende en mystieke betekenis. Er werden watergoden vereerd, van deze verering en koestering van de waterbronnen zijn wij nu terechtgekomen in een denken waarin water slechts als gebruiks- en transportmedium wordt gebruikt. Denkers zoals Leonardo da Vinci, Goethe, Novalis en Hegel zagen nog de geestelijke kwaliteiten van het water. Hoe meer de mens in staat was de stoffelijke kwaliteiten van het water voor zijn productieprocessen bruikbaar te maken, des te meer verloor het water voor hem zijn geestelijke betekenis. Het technisch-economische denken kreeg greep op alle levensgebieden en zo ook de hierbij horende waarden. Maar bij wat lang economisch en vernuftig leek – het rechttrekken van rivieren, droogmalen van venen voor landbouwgronden enzovoorts – worden nu vraagtekens geplaatst. Men onderkent dat levende kringlopen niet zonder verstrekkende gevolgen verbroken kunnen worden. We zijn niet alleen de bijzondere kwaliteiten van het water uit het oog verloren, maar dreigen nu ook de fysieke kwaliteiten kwijt te raken, bronnen verdrogen, grondwater is

## ZICHTBAAR WATER

*Water in verschillende gedaantes was voor mij als kind al een bron van plezier. Opgegroeid in een klein dorp dat haast nog volledig leefde volgens middeleeuwse kringlopen met betrekking tot voedsel, water, energievoorziening en afvalverwijdering, heb ik van begin af aan kringlopen leren begrijpen. Als kind speelden we aan een klein beekje en konden daar de veranderingen in de jaargetijden aan den lijve ondervinden. In de zomer was er weinig water maar een overvloedige vegetatie kikkervisjes, een enkele vuursalamander, bloedzuigers enzovoorts; in de winter was er meer water, ook overstromingen waardoor hele velden onder water kwamen te staan. Als het had gevroren, kon je erop schaatsen. In de zomer gingen we met de fiets naar een meertje om te zwemmen. De watertoren die het dorp voorzag van drinkwater, kon je met een flinke wandeling bereiken. Riolering was nog niet aangelegd. De faecaliën werden opgeslagen in een beerput, eens per jaar kwam een boer de put leegpompen en over de velden uitrijden. Het afvalwater uit de keuken stroomde via kleine slootjes richting de beek. Maar meestal kwam het daar niet eens terecht omdat het onderweg in de grond sijpelde. Voor mij was dit stroompje een boeiend observatieobject. Het kwam aan de achterkant van het huis uit een pijpje en als mijn moeder bijvoorbeeld het afwaswater in de gootsteen uitgoot, volgde ik het stroompje. In de zomer was het stroompje direct door de droge ondergrond opgenomen, als het in de winter had gevroren, smolt het ijs waar het afwaswater terechtkwam; na een flinke regenbui kwam het water het verst, dan kon je de zeepbellen een hele tijd volgen. Op een dag kwamen werkers en de grote mensen vertelden trots dat er een riool zou worden aangelegd, ook daarvan was het weer boeiend om te bekijken hoe het in zijn werk ging. Maar toen de mannen en de machines weer waren vertrokken, was ik toch iets kwijt. Het achter elkaar door de modernisering verdwijnen van deze directe, zichtbare kringlopen, ervaar ik ondanks het toegenomen comfort toch ook als een groot verlies van leefkwaliteit.* (H.P.)

vervuild enzovoorts. Dit leidt tot een ander bewustzijn in relatie tot water en een denken in levende kringlopen.

### $H_2O$

Water is een van de simpelste chemische verbindingen die we kennen. In een watermolecuul delen twee waterstofatomen de elektronen met een zuurstofatoom. Ondanks deze eenvoud vertoont water zowel in chemisch als fysisch opzicht ongewone eigenschappen, waardoor alle vormen van leven zoals wij die kennen mogelijk worden.

De elektronen van een watermolecuul vormen een asymmetrische wolk van negatieve lading, een driedimensionale structuur van twee gekruiste knotsen met een lange en een korte kant. Terwijl water als gas en in vaste fase lijkt op andere stoffen, wijkt het in de vloeibare toestand af van andere vloeistoffen. Normaal zijn de moleculen van zowel gassen als vloeistoffen vrij van elkaar, ze zweven rond en botsen tegen elkaar. De bijzondere molecuulstructuur van water maakt een zekere ordening mogelijk, vergelijkbaar met die van een kristal, zij het minder star. Watermoleculen kunnen een 'coagulatie' vormen als gevolg van een overschot aan negatieve lading aan de korte kant van de knotsen. De steeds wisselende configuraties van deze coagulaties van watermoleculen zijn de reden voor de bijzondere eigenschappen van water in vloeibare vorm: een buitengewoon hoge viscositeit, een bijzonder hoge elektrische weerstand, een zeer hoge oppervlaktespanning, een hoge capillariteit, en een zeer grote afstand tussen smelt- en condensatiepunt. De afwijkende eigenschap dat water zich tussen 0° en 4° samentrekt en bij 4° de hoogste dichtheid heeft, maakt het leven van flora en fauna onder een ijslaag mogelijk. Water heeft ook vergeleken met andere stoffen met dezelfde molecuulgrootte een bijzonder hoge dichtheid en dus een bijzonder sterke opwaartse druk, wat het energieverbruik bij voortbeweging van dieren die in het water leven verlaagt en een star skelet overbodig maakt.

Water speelt een essentiële rol in het bewerkstelligen van het klimaat waarin op aarde allerlei vormen van leven zich hebben kunnen ontwikkelen. Dit komt doordat de waterdamp in de atmosfeer elektromagnetische straling en een deel van het licht absorbeert en de oceanen, die een groot deel van het aardoppervlak omvatten, een matigende werking hebben op temperatuurfluctuaties. Dezelfde functie kunnen waterbassins in en om gebouwen vervullen. Belangrijk is tevens dat water tot hydratie en dissociatie in staat is. Doordat water relatief eenvoudig andere moleculen omringt en uiteenvalt om andere verbindingen aan te gaan, is het een uitstekend transport- en oplosmiddel, waarop talloze processen zijn gebaseerd, van de stofwisseling in plant en dier tot het verdunnen van verf.

De hydrodynamica, de leer van de beweging van vloeistoffen, is genoemd naar water; de verschijnselen waarmee deze tak van wetenschap zich bezighoudt, doen zich echter niet alleen voor in water of andere vloeistoffen maar ook in atoomkernen en sterrenstelsels. Water wordt vaak gebruikt als aanschouwelijk voorbeeld om uiteen te zetten hoe golven ontstaan, met elkaar interfereren, elkaar versterken en uitdoven.[2]

### EIGENSCHAPPEN VAN WATER

Water heeft de neiging om een bolvorm aan te nemen, zoals te zien is aan dauw of een vallende druppel. Water probeert altijd zijn sferische vorm te behouden. Waar dat onder invloed van de zwaartekracht niet lukt, beweegt het zich in vervlochten vlakken, waardoor lussen en slingers ontstaan. Een natuurlijk stromende rivier heeft altijd

**De neiging van water om een bolvorm aan te nemen wordt zichtbaar bij het loskomen van een druppel van een straal**

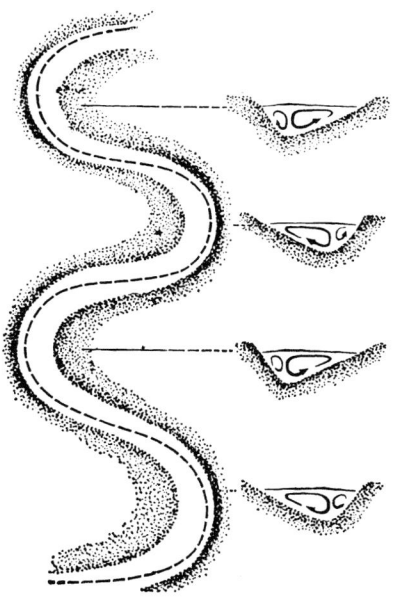

Het meanderen van een rivier en de secundaire stroompatronen

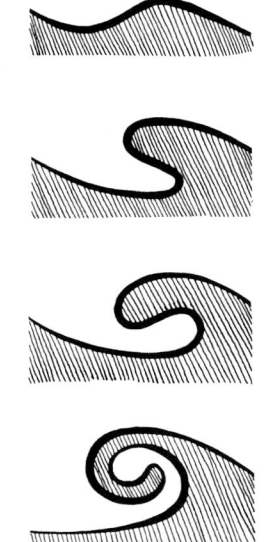

Wervels ontstaan waar twee verschillende media elkaar ontmoeten

de neiging om te meanderen doordat de bolvorm in het platte vlak tot een cirkel wordt gereduceerd. Voordat de cirkelvorm zich sluit, stroomt een rivier weer naar de andere kant.

Deze meanderende waterstromen vind je in het groot en klein, van een kleine beek tot de grote golfstromen in de oceanen. Ook in rechthoekige doorsneden ontstaan deze schroefbewegingen. Onafhankelijk van het omgevende materiaal verplaatst het water zich in slingerende bewegingen. De begrenzing kan de oever van een klein beekje zijn of water van een andere temperatuur, zoals het geval is met de warme golfstroom die uit de Golf van Mexico als een meanderende rivier door de koudere Atlantische Oceaan naar Noord-Europa stroomt.

Door invloeden van buiten, wind of hindernissen, ontstaan er golven in het water. Er zijn twee soorten golfpatronen. In stromend water kan een hindernis, zoals bijvoorbeeld een brugpijler, golven veroorzaken waarbij de golfpatronen zich niet verplaatsen ten opzichte van het water. Andersom kunnen bijvoorbeeld in een meer onder invloed van wind golven ontstaan die zich over het oppervlak bewegen terwijl het water stilstaat. In golven wordt iets zichtbaar van de sensibiliteit van water. De twee soorten van golven kunnen elkaar ook weer overlappen, waarbij interferenties ontstaan die zichtbaar worden in de structuren van het wateroppervlak.

Wervelingen ontstaan als de ritmische golfpatronen van aan elkaar grenzende elementen, zoals bijvoorbeeld water en lucht, zich vermengen. Ook in het water zelf kunnen deze wervels ontstaan, bijvoorbeeld daar waar twee rivieren met verschillende stroomsnelheden samenstromen. Het principe van de wervelvorming is horizontaal en verticaal hetzelfde: een overslaan of overschuiven van de golf waardoor een holte ontstaat en de golf zich 'oprolt'. Overal waar zich verschillen voordoen, in snelheid, fase, temperatuur enzovoorts kunnen wervels ontstaan. Grensvlakken zijn met hun ritmische processen plaatsen waar nieuw leven ontstaat, zoals de oevers van rivieren, de visrijke golfstromen in de oceanen, bosranden, of maatschappelijke groeperingen. Een bijzondere vorm van een wervel is de kolk. De kolk strekt zich en trekt direct daarna het binnenste vlak naar beneden, stuwt vervolgens de binnenste delen weer naar boven en verbreedt zich dan. Er ontstaat een ritmische pulsbeweging.

Door een hindernis in een stroom ontstaan hele reeksen van achter elkaar geschakelde wervels. Stroomt een beek langzaam, dan is alleen een lichte golfvorming aan de oppervlakte te zien, bij een sneller stromende beek ontstaan echte wervelstraten. Op het wateroppervlak schijnend licht maakt de wervels op het grondoppervlak goed zichtbaar. Het ritme van de wervels verandert met de afmeting van de hindernis: een kleine hindernis veroorzaakt kleine wervels en een grote hindernis grote afstanden en minder wervels.[3]

2. Rudolf von Woldeck, 'Der Stoff, durch den wir sind', *Kursbuch 92,* 1988.
3. Theodor Schwenk heeft over al deze verschijnselen en nog veel meer een prachtig boek geschreven met de titel *Das sensible Chaos.*

**Een kolk kenmerkt zich door een ritmische pulsbeweging**

**Het ritme van een wervel wordt bepaald door de vorm en grootte van de hindernis**

# Kringlopen

## HYDROLOGISCHE WATERKRINGLOOP

Water is constant in beweging: als waterdamp door de lucht, als oppervlaktewater in rivieren, meren en zeeën en als grondwater in de bodem. Water in de atmosfeer valt omlaag in de vorm van regen, sneeuw of hagel, of condenseert bovengronds in de vorm van mist, dauw of ijzel. Neerslag valt op het land en op water. Van de neerslag die op de grond terechtkomt wordt een deel door de begroeiing opgenomen (interceptie), een deel verdampt (transpiratie), een groot deel dringt in de bodem (infiltratie), en een deel stroomt bovengronds af naar het oppervlaktewater (afstroming). Water stroomt onder invloed van de zwaartekracht of onder invloed van drukverschillen. Het kan horizontaal stromen, waardoor het uiteindelijk in het oppervlaktewater terechtkomt of verticaal omhoog (kwel), of omlaag (wegzijging). De doorlatendheid van de bodem en de drukverschillen bepalen of het water horizontaal of verticaal stroomt. Uiteindelijk komt al het water via rivieren of de bodem weer in zee terecht, waar het verdampt en vervolgens weer als neerslag op de bodem valt.

## STEDELIJKE WATERKRINGLOOP

Water komt op verschillende manieren de stad binnen, als oppervlaktewater, als grondwater, als neerslag of als drinkwater via het leidingnet. Het drinkwater dat in de stad wordt gebruikt, wordt gewonnen uit grondwater of gezuiverd oppervlaktewater en wordt grotendeels via het riool naar een zuiveringsinstallatie afgevoerd, waar het wordt gezuiverd en vervolgens geloosd op het oppervlaktewater. De grondwaterstand wordt beïnvloed door onttrekkingen, drooglegggingen en een groot percentage verhard oppervlak in de stad. Neerslag die in de stad valt, wordt met uitzondering van dat percentage dat door de bodem wordt opgenomen, zo snel mogelijk afgevoerd. De

milieubelastend slib
grote ruimtebehoefte voor zuivering

rioleringen
grote afstanden
lekkages, veel materiaal

energie voor transport
gebruik van milieubelastende stoffen

verdroging door verharding
vervuiling door overstorten

grondwateronttrekking
verdroging

**Centrale waterhuishouding**

**Decentrale waterhuishouding**

benutten van natuurlijke processen en locatiekarakteristieken
zichtbare systemen
hergebruik van afvalwater
gebruik van regenwater

kleine kringlopen
minder installatie
minder overstorten

minder onttrekking van grondwater

stedelijke waterkringloop is geen gesloten systeem.
De door de mens gecreëerde stedelijke waterkringloop lijkt op het eerste gezicht heel efficiënt en is gericht op de snelle afvoer van regenwater en het huishoudelijke afvalwater naar de rioolwaterzuivering of het oppervlaktewater.
Neerslag die op verharde oppervlakken valt, wordt nog meestal via het riool afgevoerd. Dit gebeurt door middel van een gemengd stelsel, een gescheiden stelsel of een verbeterd gescheiden stelsel. Het rioolstelsel is erop gericht het water zo snel mogelijk af te voeren. Bij hevige neerslag ontstaan piekafvoeren, die bij het gemengde stelsel leiden tot overstort van vuil water op het oppervlaktewater. Bij het gemengde stelsel wordt het vuile water namelijk samen met het regenwater naar de zuivering geleid, aldaar gezuiverd en het gezuiverde effluent wordt vervolgens op het oppervlaktewater geloosd.
Bij zware neerslag kan het gebeuren dat de zuivering onvoldoende capaciteit heeft en direct op het oppervlaktewater wordt geloosd met als consequentie vervuiling van het oppervlaktewater. Om dit te voorkomen is men overgestapt op het gescheiden stelsel. Bij het gescheiden stelsel wordt het regenwater apart afgevoerd en direct op het oppervlaktewater geloosd. Dit heeft als nadeel dat ook verontreinigd regenwater van drukke straten bijvoorbeeld ongewenste verontreiniging van het oppervlaktewater teweegbrengt.
Bij het verbeterd gescheiden stelsel wordt de eerste fractie regenwater naar de zuivering geleid en pas daarna direct op het oppervlaktewater geloosd. Maar ook dit stelsel heeft zijn beperkingen, zo blijken bijvoorbeeld juist zware metalen maar langzaam los te weken van het straatoppervlak en komen dus met de tweede fractie terecht in het oppervlaktewater.
Hoeveel water afgevoerd moet worden, is afhankelijk van de hoeveelheid neerslag, van de mate en de soort verharding en van de bodemsoort en grondwaterstand. Een deel van de neerslag verdampt, wordt gebufferd of infiltreert.

# Bodem

Bij het ontwerpen van een waterplan is het van wezenlijk belang dat er rekening wordt gehouden met de grondsoort. De eigenschappen van de verschillende grondsoorten kunnen ervoor zorgen dat bepaalde systemen niet geschikt zijn. Zo laat droge zandgrond makkelijk water door en is daarmee geschikt voor infiltratie. De dichte natte kleigrond is doordat het slecht vocht doorlaat eigenlijk alleen geschikt voor bovengrondse afvoer en opslag.

De bodem is een poreus medium dat in het bovenste deel van het profiel doorgaans uit drie fasen bestaat: vaste delen, water en lucht. Eigenschappen van de bodem worden doorgaans besproken aan de hand van de kenmerken van de vaste delen, die worden onderscheiden in minerale en organische delen. Ze worden voornamelijk bepaald door de verhouding organische en minerale delen en de korrelgrootte (textuur) van het minerale deel, dat bestaat uit een mengeling van korrels van verschillende grootte die anders van aard en eigenschappen zijn. De verdeling van de korrelgrootte is een van de belangrijkste kenmerken van de grond.
De belangrijkste bodemsoorten zijn grind, veen, zand, klei en leem. Grind is het meest doorlatend en leem het minst. De meeste bodems bestaan uit een mengsel van deze grondsoorten.

De opbouw van de ondergrond in Nederland is het gevolg van een aantal geologische processen. Nederland maakt met uitzondering van Zuid-Limburg deel uit van het dalingbekken van de Noordzee. Zeeën en rivieren hebben dit voortdurend dalende bekken gevuld met zand en klei. De delta's van onder andere de Rijn en de Maas zijn opgebouwd uit materialen die door de rivieren zijn aangevoerd en afgezet. De zee met zijn stromingen, golfwerkingen en getijdenbewegingen heeft deze afzettingen deels weer opgenomen en elders met eigen stoffen afgezet. Daarbij zijn er in het noordelijke deel van ons land grondmorenen ontstaan. Ten slotte heeft ook de wind de nodige veranderingen veroorzaakt; plaatselijk zijn afzettingen weggeblazen en elders afgezet. Als gevolg van deze processen bestaan de hogere delen van ons land (voornamelijk het Oosten en het Zuiden) uit zandgronden. De gebieden langs de kust bestaan uit zandige kuststroken met erachter de vroegere veengronden, die nu voor een groot deel uit zeeklei bestaan en langs de rivieren is rivierklei afgezet.

De verschillend samengestelde grondsoorten hebben allemaal andere eigenschappen met betrekking tot doorlatendheid van water. Over het algemeen geldt hoe groter de korrelgrootte, hoe meer water wordt doorgelaten en dus minder water vastgehouden. Dit houdt in dat klei weinig water doorlaat en ook boven het grondwaterpeil water vasthoudt, terwijl grind en zand makkelijk water doorlaten en deze grond boven het grondwaterpeil droog is. Dit samen met het grondwaterpeil heeft consequenties voor het toe te passen watersysteem in het stedenbouwkundig plan.

Onder het eerste deel van het bodemprofiel bevindt zich de grondwaterspiegel. Hieronder bevinden zich nog slechts twee fasen, vaste delen en water. Bij regenval zal de spiegel stijgen. De mate waarmee het stijgt, hangt af van de bergingscoëfficiënt van de grondsoort, die meestal tussen de vijf en tien procent bedraagt. Dit betekent dat de grond vijf tot tien procent van zijn volume aan vocht kan opnemen, waardoor de grondwaterspiegel dan ook met respectievelijk twintig- tot tienmaal de aangevoerde neerslag stijgt. Een grondsoort met een laag bergingscoëfficiënt zal bij een hoge grondwaterstand dus erg snel zijn verzadigd, terwijl een grondsoort met een hoog bergingscoëfficiënt en een lage grondwaterstand veel meer regenwater zal kunnen herbergen. In westelijk Nederland liggen vooral de lagere kleigronden met een hoge grondwaterspiegel, in het Oosten liggen de hogere zandgronden met een lagere grondwaterspiegel.

# Actuele situatie

In Nederland treft men in de meeste bestaande situaties nog gemengde rioolstelsels aan voor de vuilwater- en hemelwaterafvoer. In nieuw te ontwikkelen situaties wordt meestal een verbeterd gescheiden stelsel (VGS) toegepast. Dit rioolstelsel kent afvoeren voor afvalwater dat in een rioolwaterzuiveringsinstallatie gereinigd moet worden en een gedeeltelijk hiervan gescheiden afvoer voor het relatief schone hemelwater. De eerste fractie van het af te voeren hemelwater wordt middels koppelputten via het vuilwaterriool (DWA) afgevoerd; de tweede fractie wordt via het hemelwaterriool (HWA) direct op het oppervlaktewater geloosd. Dit systeem bevindt zich volledig onder het maaiveld.

De mogelijkheden om het water zichtbaar te maken, worden bij toepassing van dit systeem niet benut. Ook het kwalitatief functioneren van het VGS staat ter discussie; de eerste afgevoerde fractie bevat vaak niet de meest milieubelastende vervuilingen. Zware metalen lossen bijvoorbeeld langzaam op en spoelen met de tweede fractie mee en komen zo in het oppervlaktewater terecht. De kwaliteit van het hemelwater van daken is zodanig dat dit water van het ondergrondse rioolstelsel kan worden afgekoppeld. Ook het water van de overige verharde oppervlakken kan in veel gevallen afgekoppeld worden van het vuilwaterriool.

Een alternatief voor de tot nu toe gebruikelijke systemen is het afkoppelen en zichtbaar maken van de HWA, wat verschillende voordelen heeft: de leefkwaliteit van de stad wordt verbeterd, de mogelijkheden om het water te gebruiken worden vergroot, het risico dat de verschillende systemen met elkaar worden verwisseld wordt verkleind, de betrokkenheid van bewoners bij het watersysteem wordt groter en er is minder installatiewerk nodig.

## POTENTIES VOOR WATERBEHEER

Het stedelijke watersysteem biedt vele nog onbenutte mogelijkheden voor de introductie van kringlopen op verschillende schaalniveaus (het gebouw, het stadsdeel, de stad en de regio) die op verschillende manieren met elkaar verweven kunnen zijn. De hierna beschreven maatregelen en ontwerpmiddelen beslaan de kringlopen op stadsdeel-, wijk- en gebouwniveau.

## INTEGRAAL WATERPLAN

Voor een integraal waterplan is het belangrijk eerst de natuurlijke condities vast te stellen: bodemsoort, grondwaterstand, neerslag, kwel, oppervlaktewater, enzovoorts. Vervolgens moeten de waterstromen ten gevolge van de menselijke activiteiten in kaart worden gebracht, zoals kwantitatief en kwalitatief bepalen van huishoudelijk of ander afvalwater, behoefte aan schoon water voor de verschillende gebruiksdoeleinden en de hiervoor benodigde kwantiteit en kwaliteit. Afhankelijk van de bestaande situatie kunnen vervolgens de doelen en prioriteiten met betrekking tot het waterbeheer worden geformuleerd. Deze worden uitgewerkt in een totaal waterconcept waarbij de verschillende maatregelen op elkaar worden afgestemd. De doelstellingen dienen altijd afgestemd te worden op de mogelijkheden van de situatie en aan te aansluiten bij de natuurlijke waterbalans of deze te verbeteren.

In de praktijk betekent dit dat op hooggelegen, droge en zandige bodems het water in de bodem wordt geïnfiltreerd of in open water opgeslagen; op laaggelegen, kleiachtige, natte bodems wordt het water zoveel mogelijk bovengronds opgeslagen. Redenen hiervoor zijn dat bij de droge bodems het grondwater wordt aangevuld en geen afvoervoorzieningen over grote afstanden noodzakelijk zijn. Bij de natte bodems wordt door de bovengrondse opslag een berging gecreëerd waardoor het water niet versneld wordt afgevoerd. Kleibodems zijn in zeer beperkte mate waterdoorlatend. In bestaande stedelijke situaties zijn de mogelijkheden zeer afhankelijk van de specifieke locatie-omstandigheden.

Het af te voeren water bestaat uit hemelwater van de daken en het hemelwater van het overige verharde oppervlak. Het hemelwater van de daken is in het algemeen voldoende schoon; dit betekent dat dit water direct, dus ongezuiverd, opgeslagen of geïnfiltreerd kan worden.
Het afstromende water van wegen kan vervuild zijn. Bij meer dan vijfhonderd à duizend voertuigen per dag dient er een zuivering te worden aangebracht of kan de afvoer op het vuilwaterriool aangesloten worden.

Bij infiltratiesystemen kan het water voor een groot deel bovengronds en zichtbaar afgevoerd worden. Het benodigde afschot voor deze voorzieningen bedraagt in slappe, niet draagkrachtige bodems 0,5 cm/m.
Bij grotere afstanden tot de infiltratievoorziening wordt dit benodigd afschot een belangrijk ontwerpcriterium.

**BuGa '97,**
**Gelsenkirchen,**
**ontwerp atelier Dreiseitl**

**ONTWERPEN AAN WATER**
Zichtbaar water heeft in tegenstelling tot ondergrondse systemen een grotere ruimtebehoefte. Straten worden breder door de

toepassing van open goten; infiltratievoorzieningen zijn groter dan straatkolken; open bergingswater is groter dan een overstort. Veel van de extra ruimtevraag kan echter gecombineerd worden met andere functies; een holle weg kan als goot dienen, spel- en sportfuncties en openbaar groen kunnen uitstekend op een infiltratievoorziening worden gesitueerd en kavels kunnen als wateroppervlak uitgegeven worden.

Als het watersysteem in een vroeg stadium in de stedenbouwkundige planvorming wordt meegenomen, is er zonder ingrijpende extra's veel mogelijk. De mate waarin het water als structurerend element wordt ingezet varieert. In het meest eenvoudige systeem wordt een specifiek zichtbaar en milieuvriendelijk alternatief voor het conventionele systeem toegepast, zoals bijvoorbeeld bovengrondse hemelwaterafvoer. Verdergaande systemen benutten de specifieke mogelijkheden van alternatieve watersystemen, zoals plaatselijke zuivering van afvalwater, en versterken bijvoorbeeld de mogelijkheden voor natuurontwikkeling en creëren daarnaast nieuwe structuren en beelden.

De hiervoor beschreven bodemsoorten (klei en zand) leiden bij het ontwerp tot het toepassen van wezenlijk verschillende systeemcomponenten en verschillen in ruimtebehoefte en zichtbaarheid. In de natte, kleiachtige situatie, wordt in principe uitgegaan van een bovengrondse afvoer, een buffering in vijvers en dergelijke en lozing op oppervlaktewater of infiltratie middels een drainagesysteem. Voor het bufferen is bergend oppervlak nodig. De voorkeur gaat uit naar geringe peilfluctuaties om de kwaliteit van de (begroeide) oevers te garanderen. De buffervoorzieningen zullen dus (enigs-

BuGa '97
Gelsenkirchen,
ontwerp atelier Dreiseitl

Bovengrondse afvoer,
gebruik en bufferen bij
kleibodems

Gebruik en/of infiltratie
bij zandbodems

Voorbeeld van een vlak- en een lijnvormige buffer

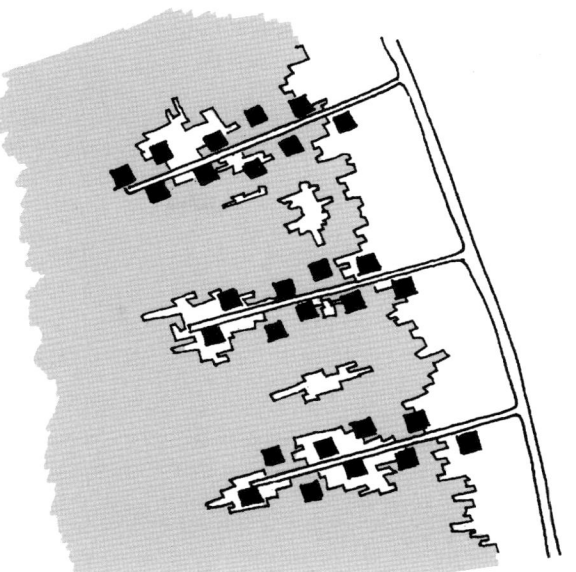

Voorbeeld van een vlakvormige buffering van water

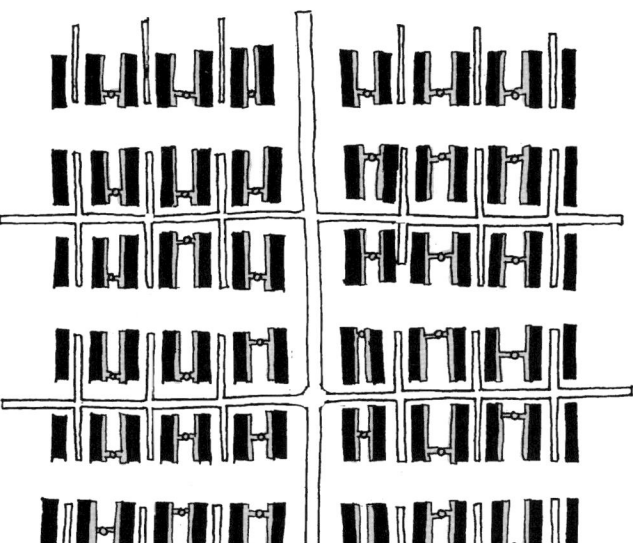

Korte transportafstanden en weinig zichtbare puntvormige infiltratievoorzieningen

zins) geconcentreerd en vlakvormig zijn.
In een situatie met een droge, zandige bodem wordt het regenwater geïnfiltreerd in de bodem. Dat kan bovengronds en dus zichtbaar met behulp van draspoelen of meer ondergronds met een drainagesysteem. Deze laatste voorzieningen zijn minder zichtbaar. Het water verdwijnt immers in de bodem. De infiltratievoorzieningen kunnen ook meer verspreid worden toegepast, bijvoorbeeld per woning.

**KWALITEIT**
Hoofddoelen van de hier beschreven technieken zijn de verbetering en beheersing van de waterkwaliteit en de woonkwaliteit in stad en stadsdeel.
De middelen die hiervoor beschikbaar zijn, zijn het vasthouden en zuiveren van het water en het zichtbaar maken van het watersysteem. Daarnaast kan door het creëren van kringlopen het gebruik van drinkwater in de stad of het stadsdeel worden verminderd. Essentieel bij elke bewuste omgang met het element water in de bebouwde omgeving is dat daarbij de totale waterbalans wordt bekeken. Alleen dan is het mogelijk om tot zinvolle en verantwoorde afwegingen te komen waarbij de verschillende maatregelen op elkaar zijn afgestemd en een samenhangend geheel vormen.
Bepaalde maatregelen kunnen elkaar tegenwerken terwijl andere maatregelen in combinatie juist een meerwaarde opleveren. Een voorbeeld van maatregelen die elkaar tegenwerken, is het gebruik van regenwater in combinatie met grasdaken. Doordat de grasdaken het water vasthouden, is er nauwelijks regenwater beschikbaar voor gebruiksdoeleinden. Een voorbeeld van meerwaarde is bijvoorbeeld het vasthouden van het regenwater op het terrein in combinatie met volledige decentrale zuivering en hergebruik van afvalwater. Een aansluiting op de riolering kan dan achterwege blijven.
Integratie van verschillende gebruiksmogelijkheden en milieumaatregelen kan een meerwaarde opleveren ten opzichte van de afzonderlijke onderdelen. Zo heeft bijvoorbeeld een helofytenfilter voor de zuivering van het afvalwater tevens een landschappelijke waarde. Vormgeving van de omgeving, ecologische waarde en gebruiksfunctionaliteit gaan daarbij samen.

**ZICHTBAAR MAKEN**

De in dit deel beschreven projecten worden begeleid door een stroomschema en pictogrammen waarmee de hoofdthema's van de projecten worden aangegeven.
De pictogrammen hebben betrekking op:

 bovengrondse afvoer

 infiltratie

 waterkringlopen

 kunst

 natuurontwikkeling

 spelen

 klimaatverbetering

# Boven- grondse afvoer

Bovengrondse afvoer van regenwater maakt het water weer zichtbaar in de stad en is in veel gevallen zelfs minder kostbaar dan de aanleg van een verbeterd gescheiden stelsel. Uiteraard mag dit niet tot overlast leiden tijdens bouwwerkzaamheden of daarna. Ontwatering of een versnelde afwatering kan dus soms (tijdelijk) noodzakelijk zijn. Regenwater van oppervlakken waar gemotoriseerd verkeer intensief (meer dan 500 voertuigen per dag) gebruik van maakt, moet worden afgevoerd via het vuilwaterriool. Het regenwater van deze oppervlakken bevat bijna altijd aantoonbare hoeveelheden microverontreinigingen.

De eenvoudigste wijze om een bovengrondse afvoer te creëren, is het weglaten van de straatkolken. Het afstromende water dient dan plaatselijk naar het oppervlaktewater of de bodem afgevoerd te kunnen worden. De maximale lengte van deze open goot is ongeveer 50 meter. Bepalend hiervoor is de diepte van de goot; bij een diepte van meer dan 5 cm kunnen de goten niet meer gereinigd worden met een borstelwagen en bij een lengte groter dan 50 meter wordt de benodigde diepte om het water af te voeren meer dan 5 cm. Een dergelijke goot dient onder afschot (0,5 cm/m) te worden aangelegd. In de praktijk betekent dit dat het wegdek dit afschot moet volgen. Andere mogelijkheden voor bovengrondse afvoer zijn onder andere holle wegen, bedekte goten en open waterlopen.

**Bovengrondse afvoer en ontwatering**

open goot

verholen goot

goot in grasbetonsteen

goot in kasseien

drain

holle weg

**Mogelijkheden voor bovengrondse afvoer**

29

BOVENGRONDSE AFVOER

## Waterprojecten IBA Ruhrgebied

Een belangrijke impuls voor een andere aanpak van het waterbeheer zijn de maatregelen die in het Ruhrgebied werden uitgevoerd.

### EMSCHER

Door een snelle verstedelijking rondom de Emscher, als gevolg van de opkomst van de mijnbouw, is de rivier in 150 jaar drastisch van karakter veranderd. De verstedelijking veroorzaakte een vergroting van het verhard oppervlak en tegelijkertijd produceerden de stad en de industrie toenemende hoeveelheden afvalwater die afgevoerd moesten worden. Omdat de mijnbouwwerkzaamheden de aanleg van een ondergronds rioolstelsel duur en gecompliceerd maakten, werd er een bovengronds rioolstelsel aangelegd waardoor de Emscher in korte tijd in een open riool is veranderd. De landschappelijke aantasting en de gezondheidsrisico's die hiervan het gevolg waren, vormen de reden voor een zeer omvangrijke ecologische vernieuwingsoperatie, die momenteel in het kader van de IBA (Internationale Bauausstellung) Emscherpark wordt uitgevoerd. Het verdwijnen van de mijnbouw uit het gebied heeft de voorwaarden voor realisatie geschapen.

De maatregelen vinden plaats op verschillende schaalniveaus. In de hele regio wordt een ondergronds rioolstelsel voor het huishoudelijk en industrieel afvalwater aangelegd om de rioolafvoer op de Emscher te vervangen. Via de Emscher worden regenwater en gezuiverd afvalwater afgevoerd. Hierdoor kan de gekanaliseerde stroombedding van de rivier worden omgevormd tot een stroomdal met mogelijkheden voor natuurontwikkeling en recreatie. Lokaal worden de systemen afgestemd op de regionale hoofddoelstellingen: verbetering van de waterkwaliteit en de belevingswaarde van de Emscher en de reductie van de vuillozing op de Rijn. De pieken in af te voeren regenwater via het riool worden zoveel mogelijk afgetopt. Dit is mogelijk door de toepassing van diverse maatregelen zoals infiltratie, tijdelijke berging en vertraagde afvoer.

Het Emschergenossenschaft heeft een reeks publicaties uitgegeven die richtlijnen en uitvoeringsvoorbeelden op de verschillende schaalniveaus geven. De belangrijkste publicatie, *Wohin mit dem Regenwasser?*, geeft aan welke mogelijkheden er in diverse gebieden zijn om regenwater te infiltreren, te bergen of te gebruiken. Verschillende karakteristieke situaties zijn met een indicatie van de mogelijke maatregelen in de publicatie opgenomen.

De schaal en aanpak van het project maken het tot een belangrijk voorbeeld. De gerealiseerde projecten tonen wat de mogelijkheden en effecten van de verschillende maatregelen zijn. De grote diversiteit van maatregelen en variatie in uitvoeringsmogelijkheden bieden

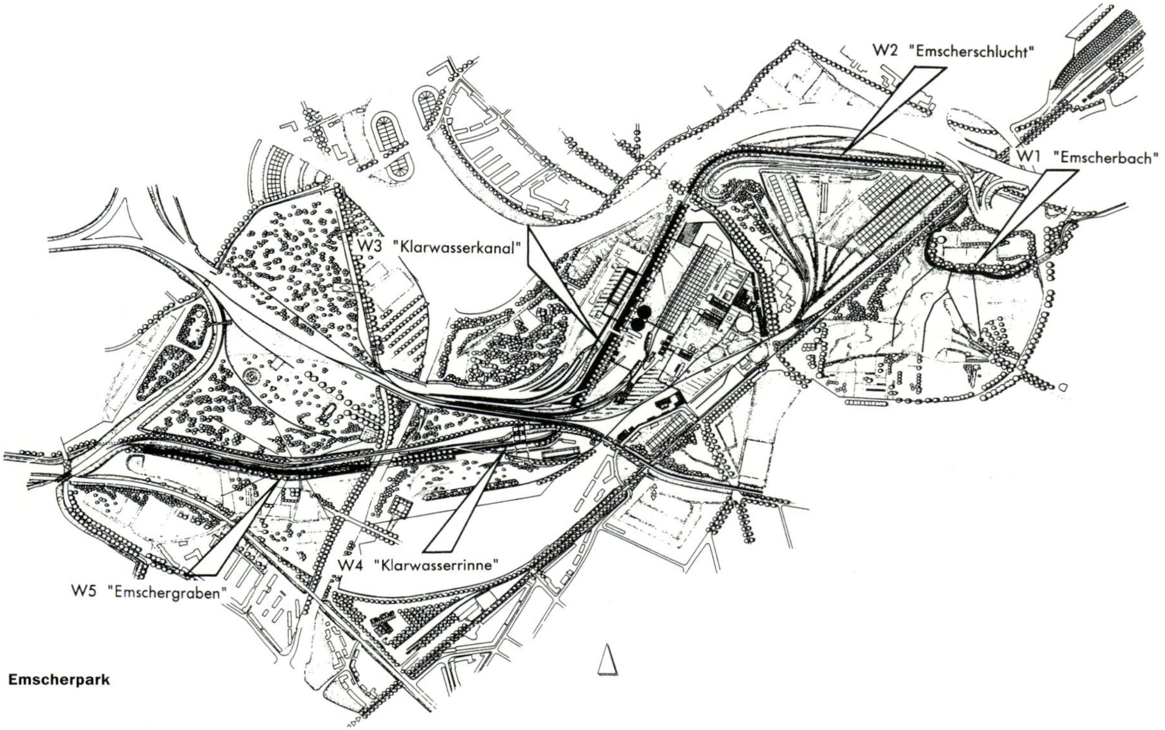

**Emscherpark**

**De gekanaliseerde Emscher**

straks een complete staalkaart van mogelijkheden. De invloed van het project is al merkbaar in het voor Enschede ontwikkelde wadi-systeem, dat een aangepaste versie is van het Mulden Rigolen-systeem.

## LANDSCHAPSPARK DUISBURG-NORD

opdrachtgever: Stadt Duisburg/
Landesentwicklungsgesellschaft NRW
ontwerp/waterconcept: Latz + Partner
realisatie: 1995

**Het landschapspark Duisburg-Nord bevindt zich op een 200 ha groot terrein waar vroeger de Thyssen-hoogovens en -mijnen gevestigd waren. Dit terrein en enkele aansluitende locaties zijn**

32

BOVENGRONDSE AFVOER

Buffervoorzieningen

BOVENGRONDSE AFVOER

Hergebruik voormalige zuiveringsinstallatie

De waterkringloop wordt aangedreven door een windmolen

Bovengrondse afvoer

34

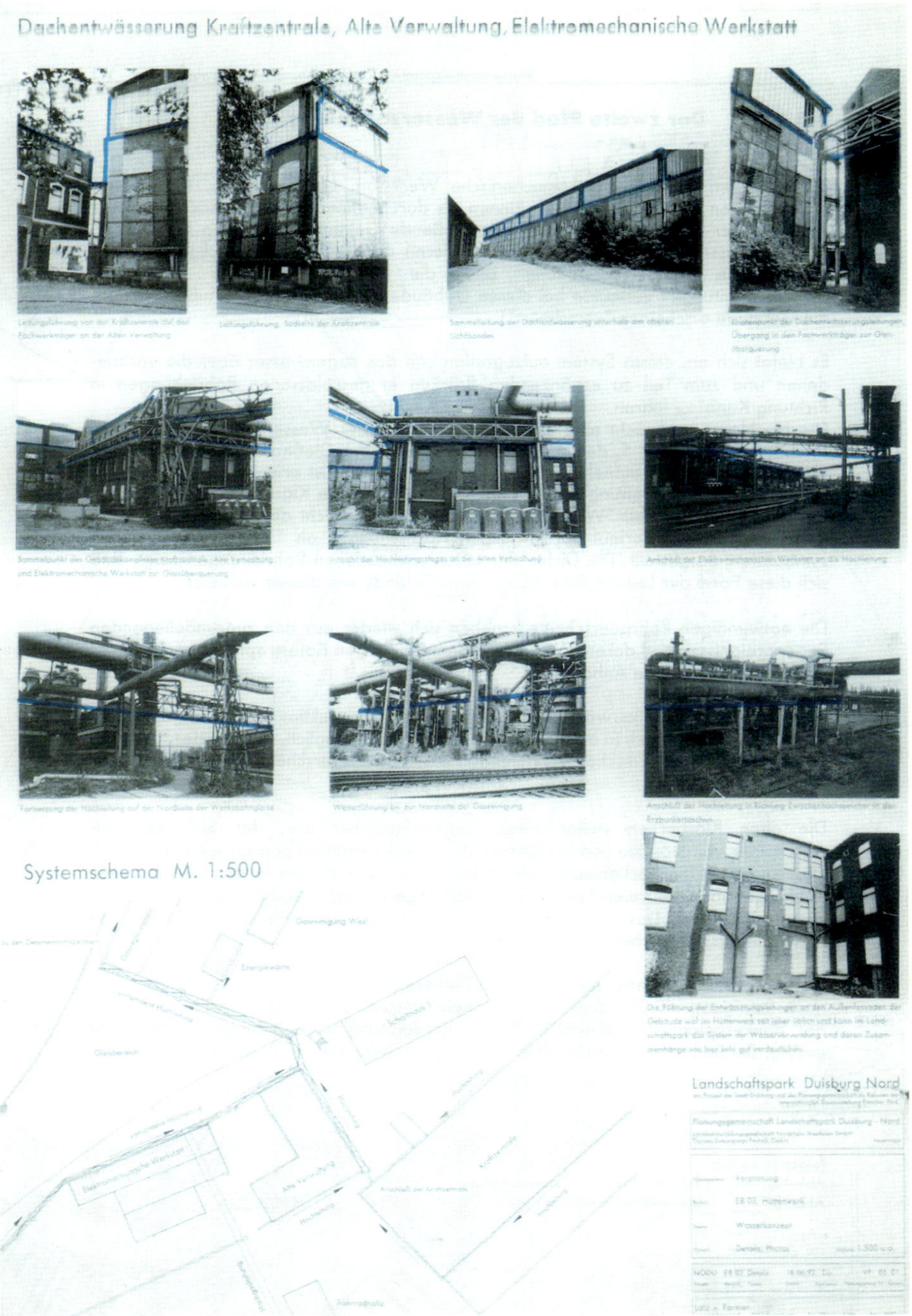
Dachentwässerung Kraftzentrale, Alte Verwaltung, Elektromechanische Werkstatt
Leitungsführung von der Kraftzentrale auf den Fachwerkträger an der Alten Verwaltung
Leitungsführung, Südseite der Kraftzentrale
Sammelleitung der Dachentwässerung unterhalb der oberen Lichtbänder
Knotenpunkt der Dachentwässerungsleitungen, Übergang in den Fachwerkträger zur Gleisüberquerung
Sammelpunkt des Gebäudekomplexes Kraftzentrale, Alte Verwaltung und Elektromechanische Werkstatt zur Gleisüberquerung
Ansicht des Hochleitungsstegs an der Alten Verwaltung
Anschluß der Elektromechanischen Werkstatt an die Hochleitung
Fortsetzung der Hochleitung auf der Nordseite der Werksbahngleise
Weiterführung bis zur Nordseite der Gasreinigung
Anschluß der Hochleitung in Richtung Zwischenspeicher in den Erzbunkertaschen
Die Führung der Entwässerungsleitungen an den Außenfassaden der Gebäude war im Hüttenwerk seit jeher üblich und kann im Landschaftspark das System der Wasserverwendung und deren Zusammenhänge wie hier sehr gut verdeutlichen.
Systemschema M. 1:500
Gasreinigung West
Glasbereich
Elektromechanische Werkstatt
Alte Verwaltung
Kraftzentrale
Hochleitung
Fahrradhalle
Landschaftspark Duisburg Nord
Planungsgemeinschaft Landschaftspark Duisburg - Nord
Vorplanung
EB 03, Hüttenwerk
Wasserkonzept
Details, Photos
1:500 u.a.
NODU EB 03 Details 18.06.93
Latz + Partner

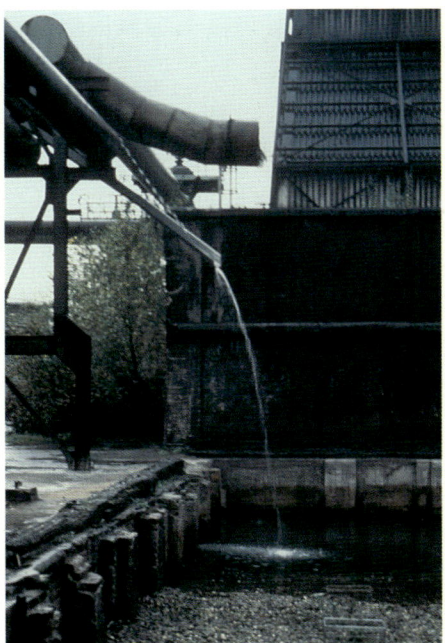

omgevormd tot een grote samenhangende landschapszone waarin naast een groot deel van de oorspronkelijke industriële bebouwing (voor een deel zijn dit monumenten) ook woningbouw en bedrijfsgebouwen opgenomen zijn.

Door het terrein stroomt het Emscherkanaal en diverse open waterlopen voor verschillende soorten bedrijfswater (koelwater, schoon water, etc.). Het is alleen mogelijk om het Emscherkanaal te renatureren en de andere waterlopen van schoon water te voorzien en in het park te integreren als er ook schoon water beschikbaar is. Om te vermijden dat hiervoor hoogwaardig grondwater zou moeten worden gewonnen, is het ontwikkelen en uitwerken van het watersysteem tot een belangrijke ontwerpopgave uitgegroeid.
Om het watersysteem op een ecologisch verantwoorde wijze tot stand te brengen, is ervoor gekozen om zoveel mogelijk gebruik te maken van de bestaande (infra)structuren, zoals de oude (gekanaliseerde) loop van de Emscher, bestaande reservoirs (gashouder en bedrijfszuiveringsinstallatie) en de bebouwingsstructuur als drager van de nieuwe waterlopen te handhaven.
Ook natuurontwikkelingsmogelijkheden hebben een wezenlijk onderdeel van de ecologische doelstelling uitgemaakt. Op het verwilderde terrein bleek een interessante flora en fauna aanwezig te zijn. Er was een grote soortenrijkdom ontstaan waaronder een groot aantal dat op de rode lijst voorkomt. Een deel van deze verwilderde gebieden is in het plan opgenomen. Om diversiteit in biotopen te vergroten, zijn verschillende bestaande waterlopen als natte biotoop uitgevoerd. De oevers zijn voorzien van een flauwer, beplant talud. Het zichtbaar maken van het watersysteem om een relatie tussen de bezoekers en het water te ontwikkelen, is een belangrijk thema bij het ontwikkelen van het plan geweest.

Omdat er geen schoon water voorhanden was, is gekozen voor een systeem waarbij al het water van de daken, drainagewater en afstromend water van het verhard oppervlak naar reservoirs stroomt, om van daaruit het watersysteem van het park van water te voorzien. Dit water wordt via open waterlopen naar het Emscherkanaal of een van de andere bestaande open waterlopen gevoerd of via (deels bestaande) hooggelegen leidingen naar reservoirs. De reservoirs fungeren als seizoensberging: het watertekort dat in de zomermaanden ontstaat door verdamping wordt aangevuld vanuit deze reservoirs. Omdat er relatief weinig schoon water beschikbaar is, is het open wateroppervlak in het park van geringe omvang en gedimensioneerd op de voorraad in de reservoirs. Het opgeslagen water wordt continu vanuit de reservoirs opgepompt en via een beplant filter weer in het (zichtbare) systeem geleid. Hierdoor kan de waterkwaliteit worden gegarandeerd en is het systeem altijd in werking en ervaarbaar voor de bezoekers. Het water dat van de daken en van het verhard oppervlak af stroomt, wordt via een beplant filter gezuiverd voordat het in de Emscher komt.

## Universiteit Ulm

opdrachtgever: Land Baden-Württemberg
architect: Steidle und Partner
landschapsarchitect: Latz und Partner
realisatie: 1e en 2e fase 1990-1995

In 1988 is door de universiteit Ulm een stedenbouwkundige prijsvraag uitgeschreven voor een uitbreiding in westelijke richting. De universiteit is gevestigd op de Obere Eselsberg en plateau in het noorden van Ulm. Het thema voor het ontwerp van de uitbreiding was de stad in de natuur, met als uitgangspunt het ontwikkelen van een stedenbouwkundig concept dat ecologisch zinvol is en rekening houdt met het bestaande landschap. Naast de bestaande vegetatie en het klimaat was de grondopbouw een bepalende factor voor het ontwerp. De grond bestaat uit leemlagen die afhankelijk van de ondergrond en de helling water stuwen. Het grondwater is diepliggend maar over dolinen verbonden met het oppervlak. Deze breuken zijn wezenlijk geworden voor de vormgeving van het terrein om verontreinigingen van de diepere grondwaterlagen te voorkomen. De door de bebouwing verlaagde buffercapaciteit is voor een deel gecompenseerd doordat vijftig procent van de daken is begroeid. Het resterende hemelwater wordt in goten en greppels verzameld en stroomt via vijvers in een beek naar infiltratiepoelen. Later, als de bouwwerkzaamheden afgesloten zijn, zal niet meer al het water in de poelen wegsijpelen maar zal een deel van het water via dalen naar de bestaande rivier worden geleid.

Er zijn meer dan duizend loofbomen geplaatst om de zieke sparren te vervangen. De oorspronkelijke eiken werden al in de negentiende eeuw vervangen. De door de bouwactiviteiten verloren natuuroppervlakken worden gecompenseerd door intensieve landbouwgrond aan de natuur terug te geven. In het zuiden van het bouwgebied worden boomgaarden en velden voor spontane begroeiing aangelegd. Voor de vormgeving van het terrein werden de plaatselijk aanwezige steensoorten en planten, hagen en bomen gebruikt.

De ecologisch belangrijke verbinding tussen de zuidelijke en noordelijke landschapselementen wordt in stand gehouden door een veertig meter brede zone die overbrugd wordt door het zuidelijke ontsluitingsgebouw. Het vierhonderd meter lange verbindingsgebouw is op palen geplaatst om de koude luchtstromen, die belangrijk zijn voor het stadsklimaat en de lokale ecologie van Ulm, te handhaven. De onderzoeksgebouwen, die slechts twee lagen hebben, zijn begroeid en hebben groene binnengebieden. Zo behoudt de Obere Eselsberg de voor de stad Ulm belangrijke ecologische en klimatologische functies.

39

BOVENGRONDSE AFVOER

BOVENGRONDSE AFVOER

## Van Diemenstraat en omgeving, Utrecht

opdrachtgever: Gemeente Utrecht in samenwerking met bewonerscomité Van Diemen/Daendelsstraat
ontwerper waterplan: opMAAT
ontwerp: 1998, niet gerealiseerd

Dit stadsvernieuwingsproject is gelegen aan de Leidsche Rijn in Utrecht. In opdracht van de gemeente Utrecht worden hier de Van Diemenstraat en omgeving, een wijk met ongeveer 600 woningen, grondig opgeknapt. Een van de belangrijkste uitgangspunten is de integrale aanpak van de verbetering van de leefbaarheid. Om dit te bereiken wordt naast de (particuliere) woningverbetering de openbare ruimte opgewaardeerd. Ook wordt de relatie met het water van de Leidsche Rijn versterkt door de kade opnieuw vorm te geven. Verder komt er centraal in de wijk een nieuwe speelvoorziening voor de kinderen.

Er is een aantal redenen om deze locatie als voorbeeld voor de mogelijkheden voor water in de bestaande stad te bekijken: in de plannen van de gemeente wordt de relatie met het water gezien als een middel ter verbetering van de leefbaarheid. Bij de woningverbetering wordt een extra investering van de bewoners gevraagd voor de kwaliteit van de detaillering en de toepassing van duurzame materialen. Het apart opvangen van relatief zuiver regenwater, en daarmee de riolering te ontlasten, past goed bij deze intentie.
De meeste straten in het project Van Diemenstraat en omgeving zijn rustige wegen die in aanmerking komen voor bovengrondse afvoer van het hemelwater. Omdat de straten in het project toch opnieuw worden bestraat, zal het toepassen van bovengrondse afvoer door in het straatprofiel verwerkte goten geen extra kosten met zich mee brengen.

De mogelijkheden (en belemmeringen) om in deze situatie een bovengrondse hemelwaterafvoer te realiseren zijn geïnventariseerd. Het hemelwater kan volgens bovenstaand schema bovengronds worden afgevoerd. Bij de bestratingswerkzaamheden kunnen in de straatprofielen open goten worden opgenomen. Het hemelwater wordt dan tot aan de speeltuin

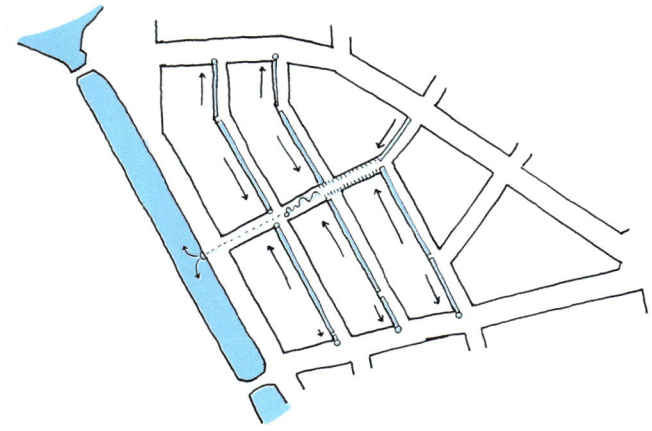

Schema bovengrondse hemelwaterafvoer

bovengronds afgevoerd. Vanaf daar zal de afvoer ondergronds gaan, omdat anders het hoogteverschil van de goot en de straat vanwege het benodigde afschot te groot wordt. Voordat het op het oppervlaktewater van de Leidsche Rijn wordt geloosd, gaat het licht vervuilde water door een filter.
Een gedeelte van het regenwater wordt tot aan de Coenstraat bovengronds afgevoerd, en verder ondergronds naar de Leidsche Rijn. Ter plaatse van de Abel Tasmanstraat is het vanwege de te verwachten verkeersdrukte niet mogelijk op dezelfde manier het water af te voeren. Daar zou een VGS kunnen worden toegepast.

Er zijn plannen om een waterspeeltuin te maken. Omdat het straatwater erg vervuild is, wordt een gesloten hemelwateropslag voorgesteld die gevoed wordt met het relatief schone water van de daken en de binnentuinen. Om het water in de speeltuin schoon te houden, moet het regelmatig worden gefilterd.

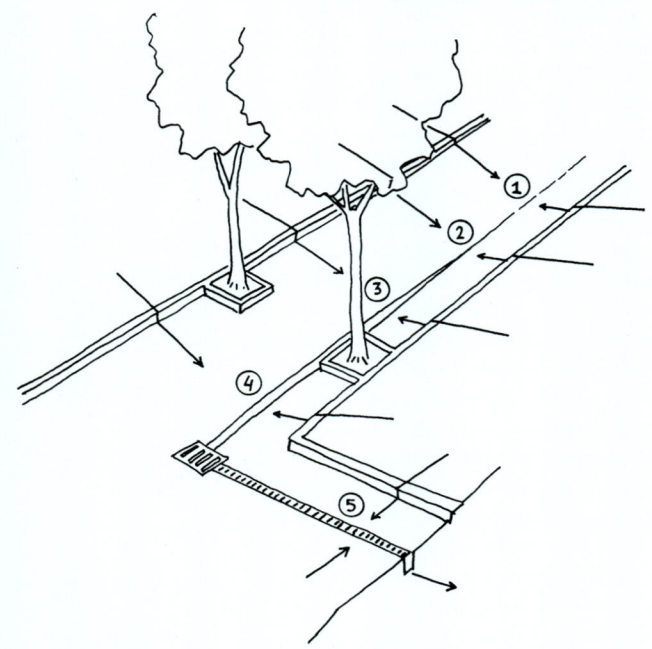

**Het benodigde afschot vereist een steeds diepere goot**

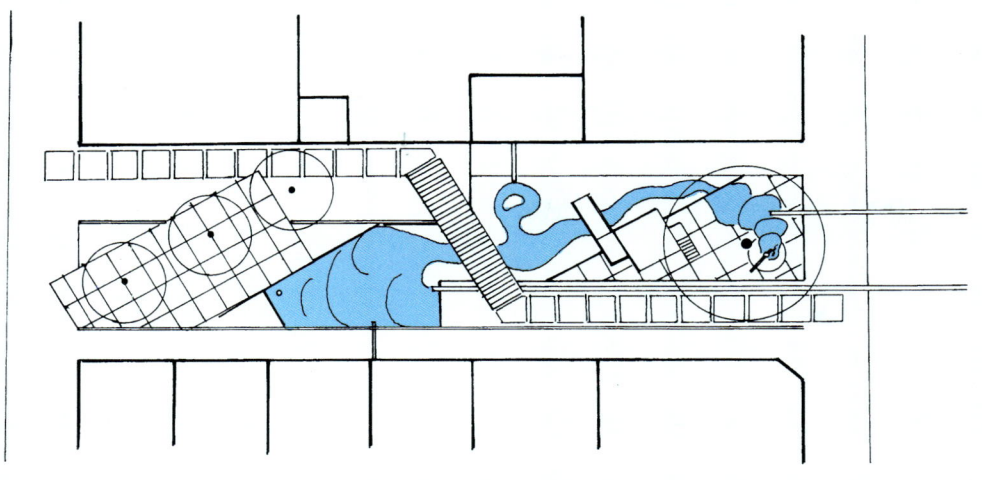

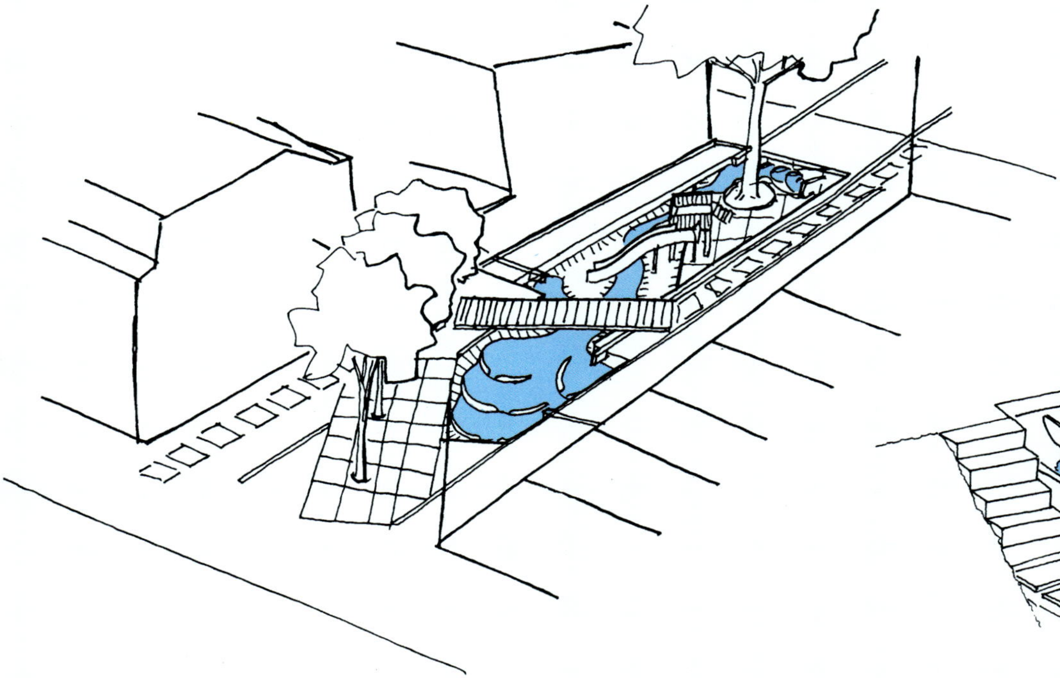

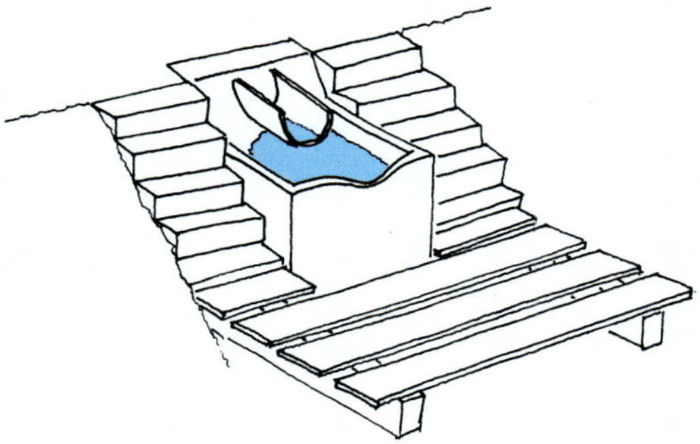

BOVENGRONDSE AFVOER

43

**De waterspeelplaats**          **Detail inlaat**

# Bufferen

Uitgangspunt bij de waterhuishouding van een terrein is altijd het vertragen van de afvoer van het regenwater door het zo lang mogelijk vasthouden van het water en het benaderen van een zo natuurlijk mogelijke waterbalans. Dit kan door reductie van het verhard oppervlak, door toepassing van begroeide daken, regenwatervijvers, buffervijvers en decentrale infiltratie.

## OPPERVLAKTE-INFILTRATIE DOOR REDUCTIE VERHARD OPPERVLAK

Het reduceren van het verharde oppervlak heeft naast de bufferende werking en de aanvulling van het grondwater nog een aantal andere voordelen. Niet alleen heeft een omgeving met minder verhard opppervlak een levendiger vormgeving, ook wordt het microklimaat verbeterd door verdamping en doordat planten stofdeeltjes uit de lucht filteren. Er ontstaan levensgebieden voor planten en dieren, zowel aan het oppervlak als in de bodem.

## WATERDOORLATENDE VERHARDINGSMATERIALEN

Naast de reductie van het percentage verhard oppervlak kunnen tevens doorlatende verhardingsmaterialen als bodembedekker worden toegepast. Voor dergelijke verhar-

**Waterbalans in verschillende situaties**

onverharde terreinen
- veel verdamping door beplanting
- veel vertraagde afvoer via ondiep grondwater en wegzijging naar grondwater
- weinig oppervlakkige afstroming

'gangbaar' verharde terreinen
- weinig verdamping
- weinig wegzijging naar grondwater
- sterk vergrote oppervlakkige afstroming

'nieuw' verharde terreinen
- meer verdamping
- meer vertraagde afvoer via ondiep grondwater en wegzijging naar grondwater
- weinig oppervlakkige afstroming

**Keitjes**

**Houtspaanders**

**Natuursteen**

**Grind**

**Kasseien**

**Schelpen**

|  | % doorlaatbaarheid | openbare weg | | | | privé-terrein | | |
|---|---|---|---|---|---|---|---|---|
|  |  | voetpad | rijweg | parkeerplaats | speelplaats | terras | tuinpad | oprit/parkeren |
| **Grasbetontegels** | 15-40% | – | +* | +* | – | – | – | + |
| **Open bestratingspatroon** | 35-100% | ± | ±* | +* | ± | ±/+ | ±/+ | + |
| **Houtspaanders** | 100% | – | – | ±* | + | – | ± | + |
| **Dennenschors** | 100% | – | – | ±* | + | – | ± | + |
| **Schelpen** | 100% | – | – | – | ± | ± | + | + |
| **Grind/steenslag** | 100% | – | – | ±* | – | ± | + | + |
| **Steenslag + gras** | 100% | – | – | ±* | – | ± | ± | + |
| **Poreuze klinkers** | 100% | + | +* | +* | + | + | + | + |

+ geschikt   ± beperkte toepassingsmogelijkheid   – ongeschikt   * alleen bij extensief gebruik

**Waterdoorlatende verhardingsmaterialen**

dingen zijn alle doorlatende materialen zeer geschikt. Te denken valt aan toepassing van graskeien, grasbetontegels, houtspaanders, schelpen of grind als bestrating. Het hemelwater kan dan zonder noemenswaardige belemmering direct in de bodem infiltreren; het percentage openingen varieert van ongeveer 15 tot 40 procent. Dit soort bestrating kan bijvoorbeeld worden toegepast bij voetpaden, speelplaatsen, brandweerwegen, in middenbermen, voor de ontluchting van bomen, als opsluiting voor bestrating en in bermen. Het kan niet worden toegepast bij intensief gebruikte parkeerplaatsen vanwege het vervuilingsrisico.

### OPEN BESTRATINGSPATRONEN

Ook gewone straatklinkers kunnen in een (half)open verband worden gelegd. De open gedeelten kunnen dan gevuld worden met gras, grind of schelpen. Met enige creativiteit zijn er velerlei patronen te bedenken en ook wat betreft het soort stenen is er ruime keuze. Het percentage openingen in de bestrating kan zelf worden bepaald door variatie van het patroon. Van belang zijn de kwaliteit van de ondergrond en de stabiliteit van het verband om verzakking te voorkomen.

### HOUTSPAANDERS EN DENNENSCHORS

Dit zijn natuurproducten die beide water- en luchtdoorlatend zijn. Ze kunnen goed worden gebruikt voor het aanleggen van speelplaatsen en tuinpaden en wegen. Wanneer de ondergrond voldoende draagkrachtig is, zijn houtspaanders en schors van dennenbomen ook geschikt als verharding voor rijwegen en parkeerplaatsen bij niet al te intensief gebruik.
Houtspaanders en dennenschors verhinderen de groei van vegetatie en kunnen daarom tevens worden gebruikt als alternatieve onkruidbestrijding.

### GRIND/STEENSLAG

Op een doorlatende ondergrond kan grind of steenslag met een gelijkmatige gemiddelde korreldiameter worden toegepast.
Bij een minder draagkrachtige ondergrond is door verzakking periodieke opvulling nodig.

### SCHELPEN

Schelpen kunnen worden gebruikt als losliggende bovenlaag of worden ingestrooid in zand of klei. Bij minder draagkrachtige onderlagen is dit type verharding evenals grind of steenslag onderhoudsgevoelig.

### POREUZE KLINKERS

Poreuze klinkers hebben een korrelstructuur met een groot percentage poriën, waardoor ze water- en luchtdoorlatend zijn. Bij toepassing met een waterdoorlatende voegvulling of zonder voeg en een waterdoorlatende ondergrond is er bij oppervlakten met poreuze klinkers een infiltratiepercentage van honderd procent mogelijk.

### MENGSEL VAN STEENSLAG EN GRAS

Het oppervlak bestaat uit een mengsel van humus en steenslag of grind. Op het oppervlak wordt gras ingezaaid waarna het wordt verdicht.

Vanuit het oogpunt van duurzaamheid is, naast de milieubelasting tijdens productie en verwerking, zowel de levensduur als de esthetische kwaliteit van de toegepaste materialen en het ontwerp van de bestrating van belang. Een zorgvuldig ontwerp met 'prettige' en 'mooie' materialen verhoogt de levensduur.

### DAKEN

Groene daken of daken waarop het hemelwater op een andere wijze wordt gebufferd (bijvoorbeeld door middel van dakvijvers,

Groendaken
Laher Wiesen
Hannover

Groendaken
Hoofdkantoor Shell,
Parijs

dakreservoirs of verhoogde opstanden) zijn heel effectief voor het vasthouden van het hemelwater. Wanneer het bufferend vermogen wordt gedimensioneerd op de piekbelastingen in de neerslag (dit is ongeveer de helft van de maandelijkse neerslag, dus 30 mm) kunnen afvoervoorzieningen voor hemelwater achterwege worden gelaten. Een overstortvoorziening voor het opslaan van de piekbelasting stelt eisen aan de opbouw van het dakpakket. Om de piekbui op te kunnen slaan, moet er een drainlaag van 10 cm aanwezig zijn. Veel gangbare groene dakpakketten hebben een geringe opslagcapaciteit en zullen dus hemelwater afvoeren. De bijdrage van deze daken aan de reductie van de hoeveelheid af te voeren water is wel nog steeds aanmerkelijk: ongeveer 75% van de neerslag wordt gebufferd, de rest wordt (met vertraging) afgevoerd.

**Groendak**

## Heerlen

opdrachtgever: Gemeenten Heerlen en Aken
ontwerp/waterconcept: Kuiper Compagnons
ontwerp: 1995

Het ontwerp voor een internationaal bedrijvencentrum van ongeveer 700.000 m² op de grens van Duitsland en Nederland is het resultaat van een meervoudige opdracht. Onvrede met de bedrijfsterreinen als monofunctionele verzamelingen gebouwen langs snelwegen was mede de aanleiding om te zoeken naar een nieuwe aanpak waarin de aspecten economie, ecologie en cultuur met elkaar verbonden zijn. Het plan betreft een gebied van 100 ha buiten de verstedelijkte omgeving van Heerlen en Aaken in een ongerept agrarisch landschap. Het terrein ligt op een heuvel en wordt begrensd door beekdalen met landschappelijk aantrekkelijke zones. Bebouwing ervan zal invloed hebben op de ecologie van de plek en met name op de waterhuishouding. De locatie heeft een functie als voedingsgebied voor de beekdalen en bevindt zich op de waterscheiding van verschillende beekdalen. Door indringing van regenwater in de bodem en afstroming langs ondoorlatende bodemlagen naar brongebiedjes in de beekdalen, vormt de plek de kop van het ecologische systeem.
Gestreefd wordt naar een zo gering mogelijk verlies van neerslag door afvoer via een rioleringsstelsel. Infiltratie in de bodem moet worden gemaximaliseerd.
De centrale doelstelling van het plan is de ecologische infrastructuur van het gebied te behouden of zelfs te verbeteren. De halfnatuurlijke landschapselementen als holle wegen, bloemrijke wegbermen, hellingbossen, boomgaarden en heggen en houtwallen bieden een inspirerend scala aan vormen en sferen, die in het landschapsontwerp voor het bedrijfsterrein verwerkt worden. De locatie voor een bedrijfsterrein op een heuveltop is kwetsbaar, zichtbaar van verre. Uitgangspunt is dat het beeld vanuit de omringende dorpen en wegen niet moet worden bepaald door een complex bedrijfshallen, maar door een verbijzondering van het bestaande landschap. Het bestaande landschapspatroon biedt plaats aan allerlei dieren en plantensoorten die zich ofwel vestigen op de drogere ofwel de nattere delen van het gebied ofwel van beide gebruikmaken. De winderige plateaus zijn vaak te schraal voor planten, die wel in de beekdalen groeien. Vooral vogels foerageren op de plateaus en trekken zich terug in de bossen. Enkele soorten horen uitsluitend op de vlaktes thuis maar dit hangt ook samen met het grondgebruik (akkers). Voor het plan vormt instandhouding van deze contrasten een belangrijk uitgangspunt om de ecologische samenhang in het gebied niet te verstoren.

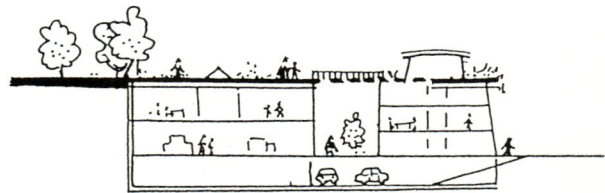

Waterhuishoudkundige uitgangspunten voor het plan zijn:

▶ Een optimale directe afwatering van regenwater via de ondergrond (infiltratie). Dit leidt tot het maximaliseren van het grondoppervlak.
▶ Opvangen van het regenwater dat via verhard oppervlak af stroomt naar een spaarbekken. Dit water wordt gezuiverd en circuleert in het gebied. Overstort vindt alleen plaats na zuivering.
▶ In plaats van een verbeterd gescheiden rioolstelsel zal alleen een vuilwaterriool noodzakelijk zijn.

In het plan wordt gestreefd naar een functieverbinding tussen wonen, werken en recreëren. Door het gebied wordt een kloof getrokken die dient voor de gemeenschappelijke infrastructuur (combinatie van verkeers-, transport- en waterinfrastructuur). De bebouwing wordt onder het maaiveld opgenomen en het dak vormt onderdeel van het parklandschap op maaiveldniveau. Het maaiveld is gemeenschappelijk terrein voor recreatie en natuur. De bedrijven worden gebouwd als een Limburgse boerderij: een carré rond een ruime hof. De afvoer van bodem en regenwater wordt zichtbaar gemaakt door middel van infiltratie- en circulatiesystemen. De bedrijven zijn aan weerszijden van de verdiepte ontsluiting gelegen. Het ontsluitingsprofiel ligt vast: het handhaven van het maaiveld en de locatie van drie servicecentra. De grootte van de bedrijven en de architectuur kan in overleg worden bepaald. Op het terrein en aan de rand zijn ook woningen opgenomen om monofunctionaliteit te voorkomen. Alleen de servicecentra voorzien van restaurants, bank, telecommunicatiecentra, kinderopvang, centrale parkeervoorzieningen enzovoorts steken boven het maaiveld uit. Zowel voor de verkeers- als energie-infrastructuur zijn duurzame concepten uitgewerkt.

Naast de drinkwateraansluiting is er ook gedacht aan een grijswatercircuit voor water dat voor toiletspoeling of industriële doelen

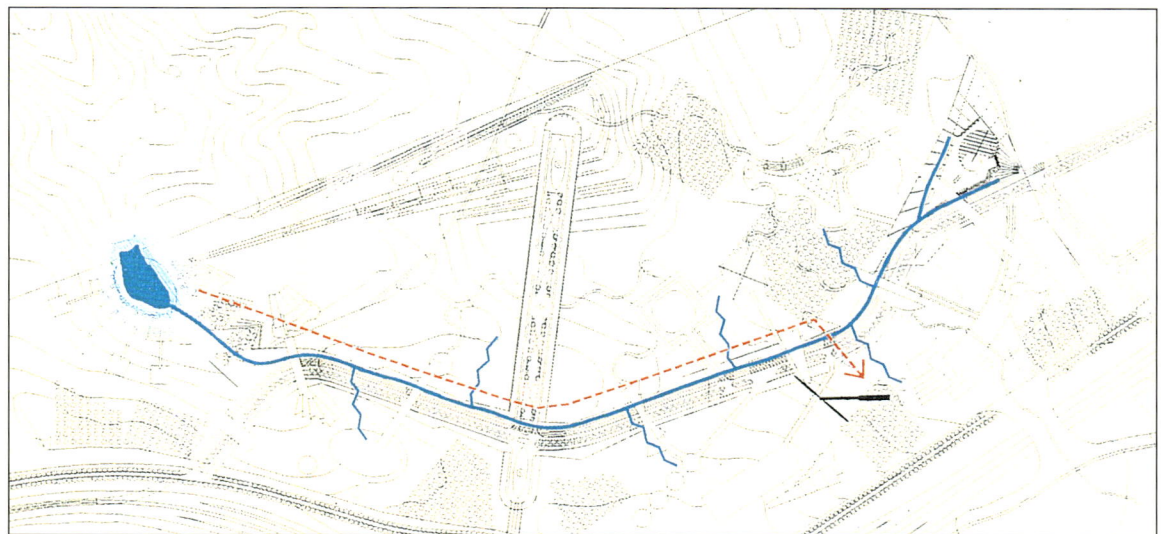

Waterloop

**Situatie**

wordt gebruikt. Het afvalwater van het bedrijfsterrein wordt lokaal gezuiverd; het gezuiverde water wordt opgeslagen in een spaarbekken. Aangezien de daken zijn beplant, zal het regenwater in kleinere hoeveelheden en vertraagd van de daken afvloeien en via een open waterstroom in de gleuf eveneens naar het verzamelbekken afstromen. Het regenwater wordt door grindkoffers en helofytenfilters gevoerd, wat tot een verbetering van de waterkwaliteit leidt. Door het niveauverschil in het terrein zijn onderweg nog mogelijkheden voor extra beluchting van het water in de vorm van kleine watervallen. Van het verzamelbekken wordt het water al naar gelang de hoeveelheid ofwel teruggepompt naar het reservoir op het hoogste punt, of afgevoerd via een beek naar het dal en de hoofdwaterstructuur.

Verder is er in het plan aandacht besteed aan sociale veiligheid, duurzaam materiaalgebruik en kunst.

**VIJVERS/BERGING**

Regenwater kan opgeslagen worden in vijvers, moerassen en andere vormen van open water. Belangrijk neveneffect van het toepassen van vijvers is de verbetering van het stadsklimaat dat hierdoor ontstaat. Deze verbetering bestaat uit het temperatuurdempende effect van het water, de stofbindende eigenschappen en de luchtbevochtiging.

Vijvers kunnen – afhankelijk van de uitvoering – een grote rol spelen in de stadsecologie. Een vijver met flauwe taluds en een beperkte waterpeilfluctuatie kan een leefplaats zijn voor een grote diversiteit aan dieren en planten.

De kwaliteit van het water is altijd een punt van extra aandacht. Overbemesting (door een teveel aan voedingsstoffen van het afstromende oppervlak) leidt tot algengroei. Hierdoor kan het water zo zuurstofarm worden dat al het leven uit het water verdwijnt. De mogelijke wisselingen van de waterkwaliteit in vijvers (en andere vormen van stilstaand open water, zoals moerassen) maken dit water minder geschikt om het in gebouwen te gebruiken.

**Bergvijver van een bovengronds hemelwatersysteem**

Bergvijver met
bezinkunit

Bergvijvers

## Daimler Benz Ag/ Potsdamer Platz, Berlijn

ontwerp: Renzo Piano, Herbert Dreiseitl, Kohlbecker
adviseur water: Atelier Dreiseitl
ontwerp: 1996
realisatie: 1998

In een voor Berlijn stedenbouwkundig belangrijk gebied, tussen het Kulturforum, het Landwehrkanal en de nieuwbouw op de Potsdamer Platz, wordt een reeks stedelijke vijvers met een oppervlak van circa 1,2 ha aangelegd. De schaal, de locatie en de integratie van ecologische, esthetische en civieltechnische functies zijn uniek. Deze vijvers en waterpartijen zijn in samenwerking met de architecten van de omliggende gebouwen en de ontwerpers van de bijbehorende infrastructuur en overige openbare ruimte ontwikkeld. Het doel van de waterpartijen in deze zeer stedelijk context is nadrukkelijk tweeledig: vormgeving en ecologie. De grote wateroppervlakken verbeteren het stadsklimaat doordat het water koelt, stof bindt en de lucht bevochtigt. Daarnaast wordt al het regenwater van de daken van de omliggende gebouwen verzameld in reservoirs en wordt het gebruikt voor toiletspoelingen en besproeiing van groene daken. Vanuit deze reservoirs worden ook de waterpartijen aangevuld.
De zuivering van het water wordt op twee manieren zichtbaar gemaakt. In de zachte oevers worden beplante bodemfilters (met riet beplante zuiveringszones) aangelegd. Deze oevers zijn de laatste stap in het zuiveringsproces. Tussen de centrale waterpartij en het noordelijke deel is een hoogteverschil.

Dit wordt gebruikt om het water op de Theaterplatz over trappen en cascaden te laten stromen. Hierdoor wordt het water belucht. Tussen de centrale waterpartij en het zuidelijk gedeelte vindt een soortgelijke beluchting van het water plaats.

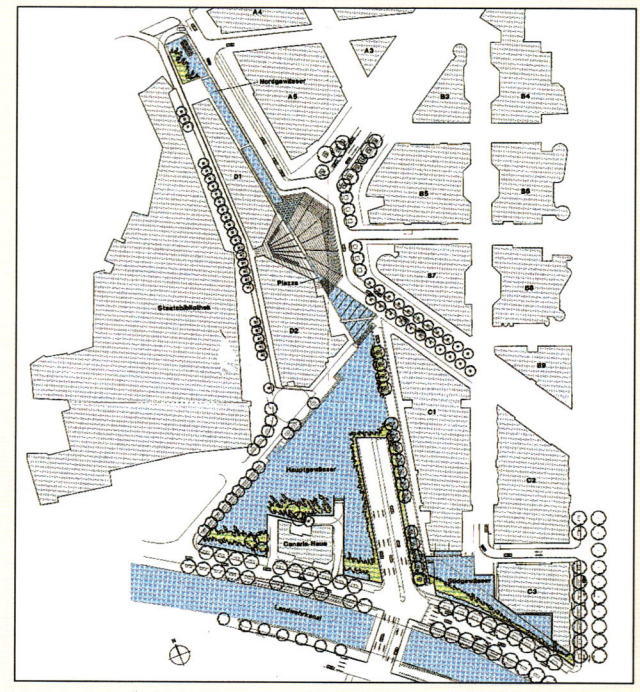

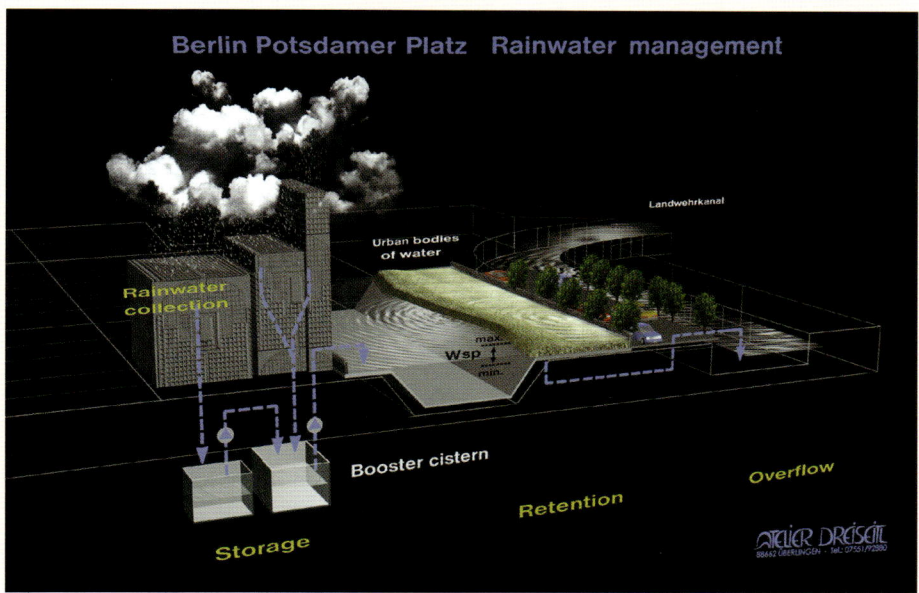

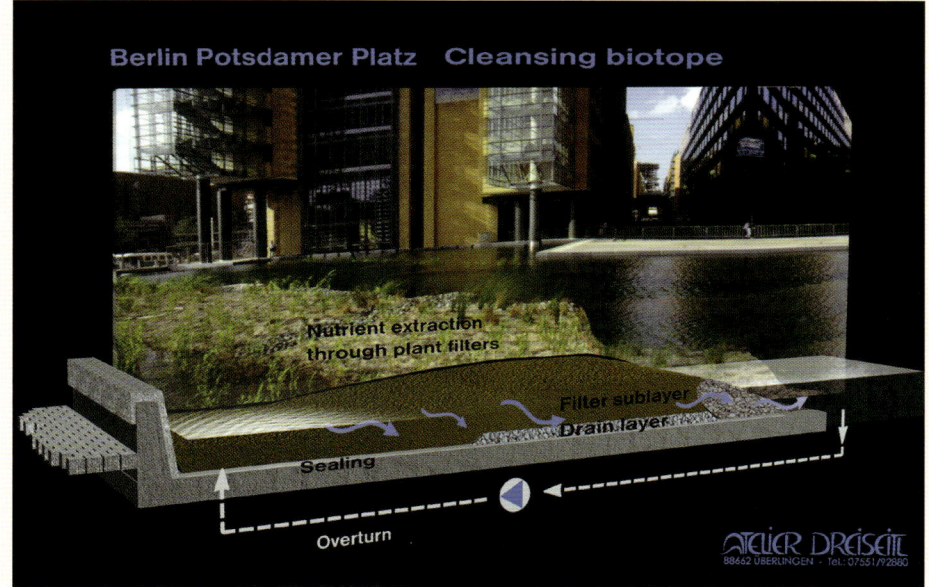

58

BUFFEREN

59

BUFFEREN

# Infiltratie

Naast het toepassen van waterdoorlatende verhardingsmaterialen kunnen gedeeltelijk of niet verharde oppervlakken naast verharde oppervlakken worden toegepast om het afstromende water op te vangen en te laten infiltreren (bijvoorbeeld bermen en stroken naast voet- en fietspaden of sportvelden). De capaciteit van de infiltratievoorziening moet groot genoeg zijn om neerslagpieken op te kunnen nemen. Dit kan bereikt worden door de ondergrond van de infiltratievoorziening doorlaatbaar te maken.

### INFILTRATIEGREPPELS

Een infiltratiegreppel is in feite een vorm van reductie van verhard oppervlak. Door naast verharde oppervlakken greppels aan te brengen die het van het verhard oppervlak afvloeiende hemelwater tijdelijk op kunnen slaan, kan op een eenvoudige wijze het water van schone verharde oppervlakken (zoals fietspaden) worden geïnfiltreerd. Naast de neerslag die gebufferd dient te worden, is de doorlaatbaarheid van de bodem van belang. Hiervoor moeten bodemmonsters worden genomen. Als benodigd oppervlak kan worden uitgegaan van 10% tot 20% van het aangesloten verharde oppervlak.

### GRINDKOFFERS EN -SLEUVEN EN OMGEKEERDE DRAINAGE

Hierbij wordt de neerslag bovengronds in een met grind gevulde koffer of sleuf, of ondergronds door middel van een geperforeerde buis in een grindsleuf gevoerd. Vanuit de grindkoffer of sleuf wordt het water in de bodem geïnfiltreerd. Dergelijke voorzieningen worden toegepast naast verharde oppervlakken of naast onverharde oppervlakken waar geen ruimte is voor een infiltratiegreppel of waar de afvoercapaciteit van de bodem te gering is. Ook hemelwaterafvoeren (van geringe dakoppervlakken), overlopen van regenwatervijvers en regenwaterreservoirs kunnen in sommige gevallen (als de te verwachten piekbelastingen niet hoog zijn) hierop worden aangesloten.

### BEZINKPUTTEN

Bezinkputten hebben ten opzichte van de bovengenoemde mogelijkheden een grotere opslagcapaciteit; het regenwater kan dus met een nog grotere vertraging aan de bodem worden afgestaan. Bezinkputten kunnen worden toegepast in die situaties waar regenwater geconcentreerd in de bodem moet worden geïnfiltreerd. Bijvoorbeeld bij overlopen van regenwaterreservoirs en directe bodeminfiltratie van hemelwater. Het water wordt direct in de watervoerende laag ingevoerd. Deze putten kunnen worden toegepast als straatkolken, dat wil zeggen plaatsing om de twintig meter. Voorwaarde voor toepassing is dat de grondwaterstand minimaal een meter onder de inlaat van de put ligt.

**Inlaat bezinkput**

**Infiltratiegreppel**

**Bezinkput**

**Infiltratieveld**

Infiltratiegreppels (wadi's)

## Enschede-Ruwenbosch

opdrachtgever: Bouw- en Milieudienst Gemeente Enschede
ontwerp: TauwMabeg civiel en bouw bv
realisatie: 1995

In nieuwbouwwijk Ruwenbosch (250 woningen) in Enschede wordt het water via wadi's geïnfiltreerd. Via open goten en wegen wordt het afstromende regenwater zichtbaar naar deze infiltratievoorzieningen geleid. In droge perioden wordt het water in de bodem geïnfiltreerd en in de natte perioden wordt het water via een drainagesleuf afgevoerd. Hierdoor kan het hemelwaterriool komen te vervallen. Dit project is een proef voor een grotere nieuwbouwwijk in Enschede.

64

# Hergebruik van water

## 'ANDER WATER'

Een onderdeel van het beleid om de drinkwaterconsumptie te verminderen, is de vervanging van drinkwater door 'ander water' voor gebruiksdoeleinden waarvoor geen drinkwaterkwaliteit noodzakelijk is, zoals toiletspoeling, de textielwas, schoonmaakwerkzaamheden en voor het besproeien van planten. In principe kan hiervoor ook regenwater, gezuiverd afvalwater, of plaatselijk grond- of oppervlaktewater worden gebruikt. De keuze van de meest geschikte vervanger is weer afhankelijk van lokale omstandigheden.

## REGENWATER

De toepassingsmogelijkheden van regenwater voor toiletspoeling, textielwas, plantenbewatering of als belevingselement zijn afhankelijk van het aanbod van regenwater van bijvoorbeeld dakvlakken in verhouding tot de waterbehoefte (het aantal gebruikers). Dit gebruik van regenwater is vrij eenvoudig; het wordt opgevangen in een reservoir van waaruit het wordt opgepompt en hergebruikt. Het is mogelijk om een gedeelte van de opslag ten behoeve van de visualisatie van de milieumaatregelen in de vorm van regenwatervijvers en waterelementen te laten plaatsvinden. Aan de opslag van regenwater in vijvers kleven echter twee nadelen. Ten eerste is er bij een vijver sprake van stilstaand water, waardoor problemen kunnen ontstaan met betrekking tot de waterkwaliteit zoals algengroei, die met name in het voorjaar door de toenemende hoeveelheid zonlicht optreedt. Hierin kan verbetering worden gebracht door het

**Gemengd beplant bodemfilter**

aanbrengen van waterlopen en door zorg te dragen voor een goed functionerend ecosysteem binnen de vijver. Ten tweede treden er in een regenwatervijver die dient als reservoir grote niveauverschillen op in waterhoogte ten gevolge van wisselende regenval. Het is daarom vaak zinvoller om een bouwkundig en gesloten reservoir te gebruiken voor de opslag van regenwater.

Hoewel de kwaliteit van het van daken afvloeiende regenwater over het algemeen goed is, zijn platte daken sterker verontreinigd dan hellende daken, omdat stof en bladeren daar makkelijker op blijven liggen. Ook dakbedekkingsmaterialen kunnen een bron van verontreiniging zijn. Dakbedekkingsmaterialen met geen tot geringe emissies zijn groendaken, glasdaken, gebakken pannendaken, betonnen pannendaken en daken met pe-folies. Regenwater afkomstig van daken bevat weinig bacteriën en voedingsstoffen en kan vanuit bacteriologisch oogpunt dan ook probleemloos voor de toiletspoeling worden gebruikt, ook onder ongunstige omstandigheden. De textielwas kan zonder bezwaar met regenwater worden gedaan. Betonnen reservoirs neutraliseren de invloed van de zure regen, zodat het water goed voor planten kan worden gebruikt. Regenwater van koperen daken is niet geschikt voor planten. Ook voor waterkunstwerken kan regenwater goed worden gebruikt.

## OPPERVLAKTEWATER

Bij het gebruik van oppervlaktewater ter vervanging van drinkwater zijn de kwaliteit en de beschikbaarheid van belang. De waterbalans van het oppervlaktewater zal daarom op de onttrekkingen gedimensioneerd moeten zijn. De kwaliteit van oppervlaktewater verschilt sterk per situatie; er zal per geval moeten worden nagegaan of het water bruikbaar is als vervanging van drinkwater.

Over het algemeen is de kwaliteit lager dan die van regenwater of grondwater, vaak is het water troebel door algen of andere verontreinigingen. Oppervlaktewater zal dan ook doorgaans alleen voor laagwaardige doelen zoals toiletspoeling gebruikt kunnen worden. Een optie is om het oppervlaktewater eerst te zuiveren.
Het voordeel van het gebruik van oppervlaktewater ten opzichte van het gebruik van regenwater is dat er geen reservoir hoeft te worden aangelegd. Voor een gesloten waterbalans kan het regenwater van het terrein en de dakvlakken naar het oppervlaktewater worden afgevoerd.

## AFVALWATER

Decentrale zuivering en hergebruik van afvalwater om drinkwater te besparen, is zinvol wanneer gebruik van regen- of oppervlaktewater niet mogelijk is of te weinig oplevert. Wat zuivering van afvalwater interessant maakt, is dat het tevens een reductie oplevert van de hoeveelheid afvalwater die op de riolering wordt geloosd. Bovendien kunnen sommige afvalwaterzuiveringssystemen goed worden geïntegreerd in de terreininrichting en kunnen milieumaatregelen hierdoor zichtbaar worden gemaakt.

De mogelijkheden voor hergebruik van afvalwater zijn sterk afhankelijk van de beschikbare hoeveelheid afvalwater. In principe zijn er twee mogelijkheden: zuivering en hergebruik van grijswater of van zwartwater. Grijswater is al het afvalwater exclusief het afvalwater van toiletspoelingen, dus het afvalwater afkomstig van de lichaamsverzorging (douche, bad en wastafel), de keuken, de textielwas, het schoonmaken, etcetera. Zwartwater is al het afvalwater, dus grijswater plus toiletspoeling. De benamingen 'zwart' en 'grijs' komen overigens voort uit de kleur van het water; grijswater heeft een

enigszins grijze kleur en afvalwater dat met faecaliën is belast, kleurt na korte tijd zwart.

In utiliteitsgebouwen is het aanbod van grijswater over het algemeen beperkt. Zuivering van zwartwater levert in dat geval dan ook een aanzienlijk grotere hoeveelheid opnieuw te gebruiken water op. Een ander voordeel van zwartwaterzuivering boven grijswaterzuivering is dat aansluiting op het vuilwaterriool achterwege kan blijven. Nadelen van zwartwaterzuivering zijn de iets lagere kwaliteit van het gezuiverde water ten opzichte van gezuiverd grijswater, het bij de zuivering vrijkomende zuiveringsslib dat afgevoerd moet worden, en het feit dat decentrale zuivering van afvalwater in Nederland nog in een experimentele fase verkeert.

Gezuiverd afvalwater is over het algemeen iets minder van kwaliteit dan regenwater, het is echter helder en reukloos en goed te gebruiken voor de toiletspoeling en voor waterkunstwerken. Het bevat over het algemeen een hoger aandeel aan voedingsstoffen, wat het tevens geschikt maakt voor planten. Wanneer zowel regenwater als gezuiverd afvalwater worden gebruikt, kan regenwater dus beter voor de hoogwaardigere doeleinden worden gebruikt.

**Zuiveringsmoeras**

## Living Machine, Findhorn, Schotland

ontwerp: John Todd
realisatie: 1995

In de Schotse woonwerkgemeenschap Findhorn Foundation wordt het afvalwater ter plekke gezuiverd met behulp van een 'Living Machine'. Deze ecologische afvalwaterzuivering werd als eerste in Europa toegepast en wordt nu op zo'n twintig plaatsen elders in de wereld gebruikt. De Findhorn Foundation, een educatieve instelling op het gebied van 'leven in harmonie met de natuur' die sinds 1962 bestaat, wil op deze manier laten zien dat het mogelijk is om op ecologisch verantwoorde wijze vervuiling van oppervlaktewater ten gevolge van ongezuiverde lozingen tegen te gaan. Er wonen en werken gemiddeld zo'n 250 mensen en er worden cursussen en conferenties gehouden.

De Canadese bioloog Dr. John Todd heeft deze zuivering ontwikkeld voor een non-profit onderzoeksorganisatie Ocean Arks International in Falmouth, Massachussets. Todd gaat uit van een holistische aanpak waarin ecologie en technologie geïntegreerd worden. Zijn ideeën zijn gebaseerd op ecologische ontwerpprincipes: hoge biodiversiteit, zelfregulerend vermogen en het creëren van kringlopen. Concreet betekent dit dat Living Machines:

▶ gebruikmaken van flora en (micro)fauna;
▶ gebruikmaken van recirculaties;
▶ geen chemicaliën nodig hebben;
▶ relatief geringe slibproductie realiseren;
▶ biogas kunnen produceren.

Het ontwerp en de aanleg is verzorgd door Living Technologies Ltd.

De Living Machine in de Foundation bestaat uit een anaerobe voorbehandeling en een kas waarin de hoofdzuivering plaatsvindt. De voorbehandeling vindt plaats in drie anaerobe tanks die afgedekt zijn door een isolerende laag aarde en zo een heuvel vormen. Deze tanks hebben de functie van een septic tank. Anaerobe bacteriën breken het complexe organische materiaal af in kleinere fracties. Hierbij ontstaat onder meer 'biogas': $CH_4$ en $CO_2$. Het afvalwater gaat na de anaerobe voorbehandeling de kas in. De hoofdbehandeling vindt in een kas plaats vanwege het wat koelere Schotse klimaat. In deze kas splitst het afvalwater zich in twee identieke 'zuiveringsstraten'. In elke straat bevinden zich negen tanks in serie die net als de anaerobe tanks in vrij verval het afvalwater behandelen. Elke serie bestaat uit vier verschillende soorten tanks.*

\* Bron: René Kyliaan

## Gärtnerhof, Wenen

architectuur en buitenruimte:
Büro Deubner, Wenen
adviseur water: Atelier Dreiseitl
realisatie: 1987

Het project Gärtnerhof vlak bij Wenen is gerealiseerd in 1987 en bestaat uit 22 eengezinshuizen, 10 woningen in gestapelde vorm, een atelier, een kleuterschool, een gemeenschapshuis en een tuindersbedrijf.

Naast het hierna beschreven concept voor het waterbeheer zijn er in het project ook andere aspecten van duurzaam bouwen gerealiseerd. Er is gebruikgemaakt van passieve zonne-energie en er is gebouwd met biologisch verantwoorde, gezonde, bouwmaterialen. Er is gelet op de kringlopen in de natuur, zowel bij de keuze van de materialen als bij de 'voorzieningen'. In het project is ook rekening gehouden met de levenscyclus van de mens; er is gekozen voor het samenleven van meerdere generaties. Bijzondere aandacht wordt geschonken aan actieve participatie en aan belevingsmogelijkheden voor kinderen. Er zijn ruimten voor gemeenschappelijke activiteiten maar er is ook gedacht aan het scheppen van mogelijkheden om zich terug te trekken.

Het initiatief ging uit van de architect Helmut Deubner. Nadat hij het idee voor dit project had geopperd, vond hij snel voldoende geïnteresseerde mensen die eraan wilden deelnemen. In Oostenrijk stellen met name jonge gezinnen eisen aan de woonkwaliteit, die betrekking hebben op contactmogelijkheden, het gebruik van gezonde bouwmaterialen, zeggenschap over de leefruimte, de natuurwaarde van de leefomgeving en verantwoordelijkheidsgevoel ten opzichte van de ecologische kringlopen.

Binnen het project is aandacht besteed aan drinkwaterbesparing, gebruik van regenwater en het lokaal zuiveren van grijs- en zwartwater. Het gezuiverde afvalwater wordt gebruikt voor het besproeien van de planten van het tuindersbedrijf. Water is ook een onderdeel van de vormgeving van de buitenruimte en er is een waterspeelplaats voor kinderen.
De huizen en woningen zijn voorzien van toiletten met een 'spoelstoptoets'. Tien woningen zijn voorzien van composttoiletten, die geheel zonder watertoevoer functioneren. Het

Bergvijver hemelwater

regenwater wordt ook gebruikt voor de was. Omdat het minder kalk bevat is het beter geschikt voor de wasmachine en bespaart het tevens waspoeder. De gemiddelde hoeveelheid neerslag in Wenen is voldoende om zowel het toilet als de wasmachine van regenwater te voorzien. Op 155 m² dakoppervlak (dit is het gemiddelde dakoppervlak per woning in dit project) valt gemiddeld 6,2 m³ regen per maand, terwijl de gemiddelde waterbehoefte per huishouden van vier personen 3,6 m³ voor toiletspoeling en 3 m³ voor de wasmachine is.

Ieder huis beschikt zowel over een aansluiting op het gemeentelijk drinkwaternet als over een aansluiting op de regenwatervoorziening. Het regenwater wordt via een bezinkput door een grof- en fijnfilter in het huis gepompt. In lange droge perioden kan het systeem worden bijgevuld met drinkwater. Het gestapelde woonblok is van één grote cisterne voorzien. In twee huishoudens wordt het regenwater ook voor bad en douche gebruikt; hier kan het drinkwaterverbruik worden gereduceerd tot vier liter per persoon per dag voor koken en drinken. Het warme water wordt voor meer dan de helft van het jaar via zonnecollectoren verwarmd en in de winter naverwarmd met een geiser.

De Oostenrijkse regelgeving staat het gebruik van het regenwater voor bad en douche uit hygiënische overwegingen niet toe. In dit geval ligt het initiatief en de verantwoordelijkheid geheel bij de bewoners.

Het afvalwater wordt in een beplant bodemfilter gezuiverd. Het moeras bestaat uit een bezinkbassin, drie niervormige zuiveringsbassins en een bergbezinkvijver. Bij de inlaat en de uitlaat van de bassins bevindt zich de meet- en regeltechniek. De zuiveringsinstallatie is als belangrijk vormgevend element geïntegreerd in het groenconcept. Voor de zuurstoftoevoer wordt het water met behulp van een windmolen tot 1,80 m hoogte opge-

Zuiveringsmoeras en bezinkvijver van de zuiveringsinstallatie

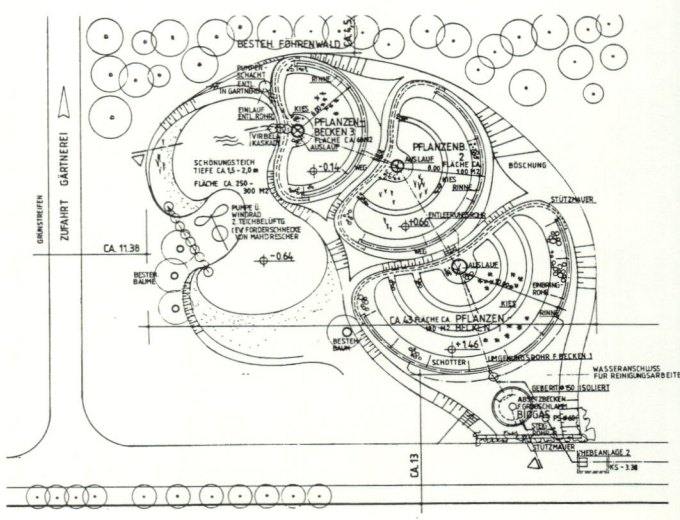

Bergvijver hemelwater

pompt. Dan stroomt het water via een flowform-cascade in het bassin terug. Het eerste en tweede bassin zijn beplant met riet. Het derde bassin is met lisdodden beplant.

Het gezuiverde afvalwater wordt in het aangrenzende tuindersbedrijf voor het besproeien van planten gebruikt. Het overtollige water wordt in het aangrenzende bos en op de velden versproeid. Het waterbeheersysteem staat onder toezicht van een ingenieursbureau en de Technische Universiteit Wenen. Het ministerie van Economische Zaken financierde de begeleiding.
Uit praktijkonderzoek is gebleken dat door de genomen technische maatregelen zowel de zuiverheid van het regenwater als de zuiverheid van het opgewerkte afvalwater aan de bestaande normen voldoen. Ook de composttoiletten werken naar tevredenheid.

De totale extra kosten voor het watersysteem bedroegen 160.000 gulden (1987). Er wordt een studie gemaakt van de reductie van het drinkwaterverbruik. Zeker is dat inmiddels een reductie van minstens 33% op het drinkwatergebruik is gehaald.

Zuiveringsmoeras en bezinkvijver van de zuiveringsinstallatie

Vissenkom

## Aquacultuur, Stensund, Zweden

initatief/opdracht: Volksuniversiteit
Stensund, Zweden
ontwerpers: Dr. Björn Guterstam
en Bengt Warne
realisatie: 1989

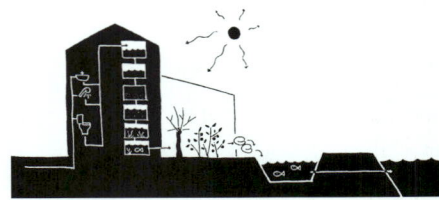

De volksuniversiteit van Stensund ligt aan de Oostzeekust ten noorden van Stockholm. De universiteit is eigendom van de Zweedse Buitensportvereniging, die tevens beheerder is. In de jaren tachtig is er een educatie- en onderzoeksproject met betrekking tot afvalwaterbehandeling gestart en in 1989 werd in Stensund de eerste aquacultuur in Scandinavië in werking gesteld. Naast de doelen educatie en onderzoek, dient het project ook als platform voor de ontwikkeling van nieuwe ecologische technieken. Het project werd ontwikkeld en ontworpen door maritiem ecoloog dr. Björn Guterstam en architect Bengt Warne.
Van de honderdvijftig cursisten en docenten verblijven er ongeveer honderd permanent op het terrein van de volksuniversiteit.
Zuiveringstechnisch kan het complex vergeleken worden met een groot huishouden met afvalwater uit kantine, wasserette, douches en toiletten.

Het project in Stensund onderzoekt in hoeverre de verschillende stappen van de zuivering van huishoudelijk afvalwater productief gemaakt kunnen worden in een aquacultuur voor de kweek van algen en vissen. Een andere even belangrijke doelstelling is het laten zien dat deze technologie op een aantrekkelijke en ecologisch verantwoorde manier in de gebouwde omgeving geïntegreerd kan worden. Voor de volksuniversiteit heeft de installatie een educatieve en voorlichtende functie.

De zuiveringsinstallatie is opgesteld in een klein gebouw met een aangrenzende kas. Voor deze opzet is gekozen omdat de buitentemperaturen in Zweden in de winter te laag zijn om een natuurlijk zuiveringsproces in de buitenlucht te garanderen. De plantengroei zou in de winter te gering zijn. De installatie is opgebouwd uit negen onderdelen. Naast de diverse tanks en aquaria is in de kas ook een klein cafetaria ondergebracht. De meeste tanks zijn transparant, zodat men vanuit het café naar de vissen en planten kan kijken. Zo wordt getoond dat de meeste stappen van een aquacultuur visueel aantrekkelijk kunnen zijn. Het gezuiverde water stroomt via een visvijver en via flowforms in de Oostzee.
De installatie zuivert het huishoudelijk afvalwater van 35 personen en voorziet in bijproducten als verse vis, planten (bijvoorbeeld tomaten) en afvalwarmte (die voor de verwarming wordt gebruikt).

Aquacultuur is een vorm van gecontroleerde viskweek die vooral in China en Japan toegepast wordt. Huishoudelijk afvalwater en afval-

water uit de voedselindustrie, zoals slagerijen, zijn geschikt voor aquacultuur, gezien de relatief lage belasting met verontreinigingen (bijvoorbeeld zware metalen) en de grote hoeveelheid nutriënten. Via enkele tussenstappen zoals bacteriënkweek, kleine waterdiertjes en algenkweek (die als voedsel dienen voor vissen of directe plantenkweek) wordt de afvalwaterzuivering direct productief gemaakt.

Bij het bij ons gebruikelijke systeem van afvalwaterzuivering vindt de verwijdering van nutriënten (nitraat, fosfor) onvoldoende plaats en komen deze stoffen in het oppervlaktewater terecht. Tegenwoordig worden daarom aan de zuiveringsinstallaties extra chemische zuiveringsstappen toegevoegd om dat te voorkomen. Aan de andere kant worden dezelfde stoffen die met inzet van veel kosten, chemie en energie uit het afvalwater worden verwijderd weer kunstmatig geproduceerd in de vorm van kunstmest voor de landbouw. Ecological engineering probeert deze processen analoog aan de oorspronkelijke natuurlijke processen te laten verlopen en de kringloop op deze manier te sluiten. Gebruik van afvalwater in een aquacultuur is hier een voorbeeld van.

Café

Kas

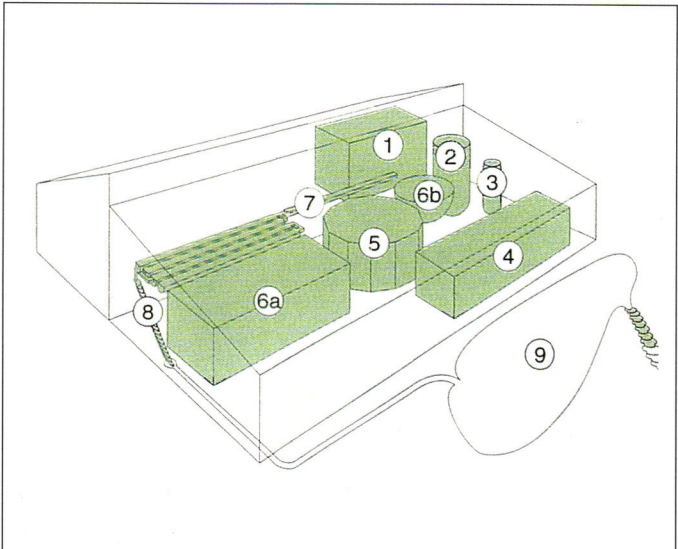

Tank voor anaerobe afbraak

De afvalwaterbehandeling in Stensund is opgebouwd uit negen fasen:

1. opslagtank
2. anaerobe tank
3. belucht biofilter
4. pytoplankton cultuur, als eerste voedselstap
5. zoöplankton en waterplanten
6. viskweek en waterplanten
7. hydrocultuur met planten, zoals tomaten of wilgen
8. flowforms
9. visvijver buiten

De eerste tank dient als opslagtank om een gelijkmatige toevoer te kunnen realiseren.
In de anaerobe tank start de afbraak van organisch materiaal door bacteriën en worden de nutriënten vrijgemaakt. Ook zorgen bacteriën voor de afscheiding van zware metalen die zich op de grond afzetten en eens per jaar worden verwijderd. In het beluchte biofilter wordt de afbraak van organisch materiaal in de nutriënten nitraat en fosfor voortgezet.

De eerste drie tanks dienen voor zuivering en mineralisatie.
In de vierde tank wordt door de aanwezige bacteriën in symbiose met de algen kooldioxyde voor de fotosynthese van de algen vrijgemaakt. De waterdiertjes en hogere waterplanten in de vijfde tank verwerken de nog aanwezige nutriënten als voedsel. In de aquaria (tank) vindt de viskweek plaats. Het water dat de viskweek is gepasseerd, wordt als voeding voor de hydrocultuur gebruikt. Via een flowform-cascade wordt het water met zuurstof verrijkt voordat het in een buitenvijver terechtkomt, waar ook vissen gekweekt worden. Daarna stroomt het water de Oostzee in.
De zuiveringsresultaten van de beschreven installatie voldoen zowel aan de Zweedse als aan de Nederlandse eisen die aan zwemwater gesteld worden. De investeringen in de installatie zijn vergeleken met die van een conventionele installatie vijftig procent hoger vanwege de investeringen in de kas. Hier staat tegenover dat er door de vis- en plantenkweek en het mogelijke gebruik van afvalwarmte winst kan worden geboekt.

## Dessauerstrasse blok 6, Berlijn

initiatief: Arbeitsgemeinschaft ökologische Stadtumbau
opdrachtgever: Gemeente Berlijn
ontwerp/waterconcept: Zeisel Sanitärtechnik
realisatie: 1988

In het groene binnenterrein van het project Dessauerstrasse, een project met sociale woningbouw bestaande uit 106 woningen in de binnenstad van Berlijn-Kreuzberg, is een lokale zuiveringsinstallatie gerealiseerd. Er zijn waterbesparende armaturen en toiletten geïnstalleerd, het hemelwater wordt opgevangen en samen met het gezuiverde afvalwater gebruikt. In het project is ook aandacht besteed aan energiebesparing in de woningen en wordt de warmte uit het afvalwater hergebruikt. Het initiatief voor de decentrale afvalwaterzuivering en de begeleiding lag bij de Arbeitsgemeinschaft ökologischer Stadtumbau. De installatie werd gesubsidieerd door het Bundesbauministerium.

Het project heeft een onderzoekskarakter; het is een van de eerste in Europa gerealiseerde lokale zuiveringsinstallaties in een binnenstad. Er wordt onderzoek gedaan naar de werking van het zuiveringsmoeras, het bewonersgedrag, de acceptatie en de inzetbaarheid van dergelijke systemen. Door de getroffen maatregelen, waterbesparende armaturen en gebruik van gezuiverd afvalwater, wordt ongeveer een kwart minder drinkwater verbruikt.

Op het binnenterrein bevinden zich temidden van een berg/bezinkvijver drie waterzuiveringsbassins. De zuiveringsinstallatie is in het groen opgenomen en heeft een recreatieve en educatieve functie. Voor het afvalwater de zuiveringsvijvers instroomt, wordt door middel van een warmtewisselaar de afvalwarmte uit het afvalwater gehaald en vervolgens weer aan het verwarmingssysteem toegevoegd.

Zestig procent van het terreinoppervlak is niet verhard, zodat het regenwater voor een deel direct kan infiltreren. De daken zijn uitgevoerd als groendaken, die een groot deel van de neerslag bufferen. Voor de buffering van het resterende regenwater is een regenwatervijver gerealiseerd, die rond de zuiveringsinstallatie ligt.
Bij de vormgeving van het terrein is aandacht besteed aan een inrichting met ecologische middelen. Zo zijn er stapelmuren gemaakt en natte en droge leefgebieden voor planten en dieren, om een zekere mate aan biodiversiteit in de binnenstad te realiseren.

**Bezinkvijver**

## Polderdrift, Arnhem

opdrachtgever: Algemene Woningbouwvereniging Arnhem
ontwerp buitenruimte/waterconcept:
opMAAT
realisatie: 1997

In het woningbouwproject Polderdrift, 44 geschakelde laagbouwwoningen, is een waterconcept gerealiseerd waarin de opvang van hemelwater, lokale grijswaterzuivering en drinkwaterbesparing zijn geïntegreerd. Een deel van de maatregelen is op een aantrekkelijke manier vormgegeven in het binnenterrein. Voor de modellering van dit terrein werden bouwmaterialen hergebruikt. Naast de vochtige leefgebieden zijn er droge leefgebieden zoals een stapelmuur van bouwafval. Hoogstammige fruitbomen trekken vogels en vlinders aan. In de kruidentuin en in de moesperken kunnen de bewoners een deel van hun voedsel verbouwen.

Doelstellingen en resultaten van het project zijn:

▶ aantrekkelijke en inzichtelijke waterstromen
▶ geen hemelwaterriool, geen straatkolken
▶ lagere belasting van de rioolwaterzuivering en van het oppervlaktewater
▶ natuurontwikkeling
▶ besparing op het drinkwatergebruik van 57%
▶ reductie op het afvalwatervolume van 85%

Het terrein is grotendeels onverhard, waardoor het hemelwater direct in de bodem infiltreert. Drainage en afvoer kunnen achterwege blijven. Het groen draagt bij aan de verbetering van het microklimaat, de ecologische waarde en de belevingswaarde. Het hemelwater dat op de dakvlakken van de woningen valt, wordt verzameld in betonnen reservoirs en wordt gebruikt voor de was. Deze reservoirs werden ondergronds op het binnenterrein geïnstalleerd en bestaan uit twee compartimenten (door het plaatsen van een verticaal schot in de tank). Het voordeel hiervan is dat zwevende deeltjes bezinken in het eerste compartiment, zodat het hemelwater dat

vanuit het tweede compartiment wordt opgepompt relatief schoon is.

Dit oppompen van het hemelwater naar de woningen gebeurt door een centraal gelegen drukverhogingsinstallatie. De suppletie van drinkwater in de reservoirs geschiedt door middel van een vlottersysteem met een open verbinding met het drinkwaternet. De overloop van de reservoirs is aangesloten op de vijver. Deze is afhankelijk van het seizoen soms nat en soms droog. Hier zullen zich planten en dieren gaan vestigen voor wie deze omstandigheden geschikt zijn.

Het grijswater van de woningen wordt verzameld en in een centraal in het binnenterrein gelegen beplant bodemfilter gezuiverd. Vanuit een bezink- en verzamelput wordt het water periodiek opgepompt naar het zuiveringsbassin, een met riet beplant zandfilter waar het water verticaal doorheen sijpelt. Het water wordt gezuiverd door de filterende werking van het zand en door in de bodem levende bacteriën en andere micro-organismen die de vervuiling via een serie van aerobe en anaerobe processen afbreken.

Vanuit het rietfilter stroomt het gezuiverde water in een natuurlijk functionerende schoningsvijver van waaruit het weer naar de woningen wordt gepompt met behulp van een drukverhogingsinstallatie waarvoor een filter is geplaatst. Het gezuiverde grijswater wordt gebruikt voor de toiletspoeling, het besproeien van de tuin en het wassen van de auto. Door het rietveld en de vijver wordt het grijswatercircuit zichtbaar gemaakt en draagt het bovendien bij aan een levendige en gevarieerde inrichting van het binnenterrein. Het zuive-

ringsmoeras en de vijver vormen waardevolle vochtige biotopen die het levensgebied vormen voor tal van soorten planten en dieren. Door het totaal aan waterbesparende maatregelen wordt een reductie van het drinkwatergebruik bereikt van 57% en wordt de hoeveelheid water die op het riool wordt geloosd met 85% teruggebracht. De leidingen voor hemelwater, drinkwater en grijswater zijn duidelijk van elkaar te onderscheiden om verwisseling uit te sluiten. De hemelwaterafvoer is uitgevoerd in wit, de grijswaterafvoer in grijs, de hemelwaterretourleiding in rood en de grijswaterretourleiding in geel.

De installatie heeft een forse investering gevraagd. Per woning bedragen de kosten circa 6500 gulden, waarvan eenderde deel voor de hemelwaterinstallatie en tweederde deel voor de grijswaterzuivering. De besparingen zijn groot. De financiële baten komen echter maar gedeeltelijk bij de investeerders terecht en voor een groot deel bij de gemeente en waterbeheerders. In Arnhem is gezocht naar een oplossing voor dit probleem. Zolang oplossingen niet gevonden zijn, zullen dergelijke integrale installaties niet snel rendabel zijn en afhankelijk blijven van subsidies. Naast de aantoonbare vermindering van de milieubelasting moet ook de verbetering van de leefomgeving tot de baten worden gerekend.

## GRONDWATER

Een andere mogelijkheid ter vervanging van drinkwater is het gebruik van grondwater, dat echter niet in alle situaties wenselijk is. Als er verdrogingsverschijnselen zijn, zal zeker geen gebruik van het grondwater kunnen worden gemaakt. Er is een onderscheid tussen diep grondwater en minder diep grondwater. Het diepe grondwater (vaak 75 tot 80 meter diep) is over het algemeen van zeer goede kwaliteit, veelal drinkwaterkwaliteit. Circa zestig procent van het Nederlandse drinkwater wordt gewonnen uit grondwater. De centrale en ongecontroleerde onttrekking van dit grondwater is in principe niet wenselijk. In agrarische of stedelijke gebieden is de kwaliteit van het diepe grondwater vaak beduidend minder goed, in dat geval is gebruik voor laagwaardige doelen een optie.

Een andere mogelijkheid is om regenwater van de dakvlakken en het terrein op te slaan in de bodem en later weer op te pompen vanuit het ondiepe grondwater en te gebruiken voor bijvoorbeeld de toiletspoeling. Voordeel ten opzichte van het direct gebruiken van regenwater is evenals bij gebruik van oppervlaktewater dat er geen filters nodig zijn en dat met een veel kleiner reservoir kan worden volstaan. Daar staat tegenover dat er een put moet worden geslagen.

Voor het onttrekken van grondwater boven bepaalde hoeveelheden is een vergunning van de provincie benodigd. De benodigde hoeveelheden ten behoeve van de toiletspoeling in kantoorgebouwen, scholen en kleinere hoeveelheden woningen (bijvoorbeeld bij onttrekkingen vanuit een binnenterrein) zijn echter zo gering dat over het algemeen slechts een meldingsplicht bestaat.

# Klimatisering

Waterpartijen in en om (utiliteits)gebouwen kunnen een bijdrage leveren aan de klimatisering. In de winter is de luchtvochtigheid in de kantoren vaak te laag. Stromend water in een centrale ruimte kan dat probleem verhelpen. In de zomer kunnen waterpartijen een bijdrage aan de koeling leveren.

**Lina Bo Bardi,
Pompéiafabriek,
São Paulo**

Koeling met open water in een
bedrijfsverzamelgebouw

KLIMATISERING

Koeling met open water in een bedrijfsverzamel-gebouw

## Hoofdkantoor ING-Bank, Amsterdam

initiatief: ING-Bank (voorheen NMB)
opdrachtgever: ING-Bank (voorheen NMB)
ontwerp/waterconcept: Copijn + Treffers
realisatie: 1986

In het hoofdkantoor van de ING-Bank in Amsterdam hebben water en planten zowel functioneel als ruimtelijk een plaats gekregen. Uitgangspunt bij de realisatie van de ING-Bank was het ontwikkelen van een efficiënt, innovatief en aantrekkelijk gebouwconcept dat het welzijn van de medewerkers zou bevorderen. Op basis hiervan is men gekomen tot een combinatie van maatregelen, zoals goede daglichttoetreding, te openen ramen, clustering van de bouwmassa, integratie van kunst, enzovoorts. Het gekozen uitgangspunt was ook de aanleiding om water en planten, een aantrekkelijk vormgevingselement, tot een onderdeel van de klimaatinstallatie te maken.

In de atria en trappenhuizen zijn waterpartijen opgenomen. De waterpartijen en de planten hebben een functie bij de luchtbevochtiging. De lucht in kantoren is vooral in de winter te

Daktuinen

droog. Door stromend water of wateroppervlakken en planten die aan de lucht verdampen, stijgt de luchtvochtigheid. Gebruikelijk wordt een te laag relatief vochtgehalte op het gewenste peil gebracht door een luchtbevochtiger gekoppeld aan de toevoer van verse lucht. Naast het functionele effect van luchtbevochtiging komen het water en de planten de ruimte ten goede en worden ze als representatief ervaren.

Er zijn installaties voor het opvangen van hemelwater en voor het transport van water. Hiermee wordt de waterhuishouding voor het groen geregeld en worden vijftien waterkunstwerken van water voorzien. De waterkunstwerken maken de stroming van het water tastbaar; er is een waterstroom langs trapleuningen, er is een watercascade en er zijn flowforms binnen en buiten. Deze hebben een aparte vormgeving en moeten de waterkwaliteit verbeteren. Voordat het hemelwater voor de bewatering van de planten wordt gebruikt, wordt het door een schelpenfilter gevoerd dat het water zachter maakt.

Flowforms creëren ritmische, lemniscaatachtige golfbewegingen. Volgens onderzoek van de ontwerper, John Wilkes van het Emerson College in Schotland, verbeteren deze de waterkwaliteit. Ook wordt het water met zuurstof verrijkt. De planten zullen door het geactiveerde water beter groeien en in hun ontwikkeling worden gestimuleerd. Naast de planten en waterpartijen in de binnenruimte is er één hectare tuinen gerealiseerd op de dakvlakken, onder andere op de parkeergarages. Ook in de daktuinen spelen waterpartijen een wezenlijke rol. De daktuinen hebben naast hun esthetische waarde en verblijfswaarde als bijkomend voordeel dat de ventilatielucht die via deze tuinen wordt binnengehaald koeler, vochtiger en minder stoffig is dan de lucht die via een verhard oppervlak zou worden binnengezogen. De daktuinen bieden ook een biotoop voor vogels, waterdieren en planten.

## Ökohaus, Frankfurt

opdrachtgever: Kühl KG
ontwerp/waterconcept: Eble,
Atelier Dreiseitl
realisatie: 1992

In 1992 is in Frankfurt het bedrijfsverzamelgebouw Ökohaus in gebruik genomen. In het gebouw zijn naast een drukkerij en een uitgeverij ook verschillende dienstverlenende bedrijven gehuisvest. Voornaamste uitgangspunt voor het ontwerp van het gebouw was de realisatie van gezonde en aantrekkelijke werkplekken. Daarnaast moest het gebouw ook een voorbeeldfunctie op het gebied van bouwen en milieu gaan vervullen. Dit wordt bereikt door innovatieve maatregelen op het gebied van het energieconcept, de keuze van gezonde en milieuvriendelijke materialen en de integratie van veel planten in het gebouwconcept. Daarnaast is er een innovatief waterconcept gerealiseerd. Er is aandacht besteed aan drinkwaterbesparing, enerzijds door de toepassing van waterbesparende armaturen en toiletten en anderzijds door vervanging van drinkwater door regenwater voor de toiletspoeling.

Regenwater van de daken wordt opgevangen en door een beplant bodemfilter geleid. Hier wordt het water gezuiverd en met zuurstof verrijkt. Het uitstromende regenwater wordt in een cisterne in de kelder verzameld. Dit water wordt voor de toiletspoeling gebruikt. Omdat de beschikbare hoeveelheid regenwater niet voldoende is om het drinkwater voor de toiletspoeling geheel te vervangen en de grondwaterstand ter plaatse hoog is, zal grondwater als aanvulling op het regenwater gebruikt worden.

Het water vervult een centrale rol bij de klimaatregeling. Alle kantoren worden natuurlijk geventileerd, alleen de keuken, het restaurant, de feestzaal en de drukkerij worden mechanisch afgezogen. De luchtbevochtiging wordt gerealiseerd door open waterpartijen en de planten in de serres. De drukkerij stelt extra hoge eisen aan een constante relatief hoge luchtvochtigheid. Hiervoor is in de serre aan de noordzijde een watermuur gerealiseerd. Langs deze watermuur stroomt water naar beneden; dit wordt opgepompt uit de onder de serre liggende regenwatercisterne. Deze cisterne is afgedekt met houten vlonders. Het water uit de cisterne koelt en bevochtigt de lucht van de serre. Dit effect wordt versterkt door de verdamping van het water dat over de watermuur stroomt. De zeer vochtige en gekoelde lucht van de serre wordt dan de drukkerij ingeblazen. Een kunstmatige luchtbevochtiging wordt zo zelfs overbodig voor de drukkerij, afgezien van enkele hete zomerse dagen. De lucht van de zuidserre wordt door de planten en flowformcascades bevochtigd. Ten slotte is het water op vele punten in en om het gebouw zichtbaar en beleefbaar.

Water in de zuidserre

KLIMATISERING

Zuidgevel

Watermuur

Bovenaanzicht noordkas en bodemfilters

## Nederlands paviljoen wereldtentoonstelling Sevilla

opdrachtgever: Multi Development Corporation
architect: Zwarts & Jansma Architecten, T+T Design
adviseurs: ABT Velp en Peutz
realisatie: 1992

In het Nederlandse paviljoen voor de wereldtentoonstelling van 1992 in Sevilla werd voor de koeling van de binnenruimte water gebruikt. Dit speciaal ontwikkelde systeem heet 'desert cooling' en werkt op basis van het onttrekken van warmte door verdamping van water. Tussen de stalen gevelconstructie worden doeken gespannen die een vliesachtige afdichting vormen. Het doek is een open weefsel van aramidevezels. Langs deze gevels, die het gebouw een min of meer transparant aanzien geven, wordt constant water verneveld. Door de wind en de lage relatieve luchtvochtigheid verdampt een groot deel van het water uit de watergordijnen. Voor dit verdampingsproces is energie nodig, die in de vorm van warmte aan de binnenlucht wordt onttrokken. Het resterende water wordt opgevangen in een gracht die om het paviljoen ligt. Op deze wijze kan een koeling van 5 tot 10 graden worden bereikt. Naast het feit dat dit systeem gebruikmaakt van natuurlijke processen die nauwelijks energie kosten, levert het water nog een extra visuele kwaliteit aan het gebouw.

## Minnaertgebouw, Utrecht

opdrachtgever: Stichting Onroerend Goed
Universiteit Utrecht 4
architect: Neutelings Riedijk Architecten
wateradvies: opMAAT
realisatie: 1997

Het Minnaertgebouw is een gebouw van de Universiteit Utrecht gelegen in de Uithof. Het gebouw biedt ruimte aan collegezalen, practica, een restaurant en werkruimten voor drie verschillende vakgroepen. In het gebouw is getracht een grote diversiteit in de verschillende ruimten te bereiken wat betreft volume, hoogte, lichtinval, uitzicht, klimaat, klank, kleur en geur. Water is een van de middelen die gebruikt zijn om dit te bereiken. Trechters verstrooien indirect daglicht, spuwen hemelwater in een grote binnenvijver, en creëren zo een warmtebuffercapaciteit voor het gebouw. In de centrale hal is een grote binnenvijver gemaakt. Deze binnenvijver wordt gevuld met regenwater afkomstig van het dak. In het dak bevinden zich zeven trechters die dienen als waterafvoer. Het opgeslagen regenwater wordt op twee manieren in het gebouw benut. In de zomer wordt 's nachts het water gekoeld met behulp van een waterkoeltoren op het dak. Overdag wordt dit gekoelde water gebruikt voor de koelplafonds in de practica en voor de koeling van de luchttoevoer van de techniekruimte. Daarnaast wordt het opgeslagen regenwater gebruikt om de toiletten mee te spoelen. De overstort van het water is zichtbaar in de buitengevel. Het water stroomt via

Overloop

Regenwaterbassin in de centrale hal

Regenwatervijver

een uitmonding in een grindkoffer en hiervandaan wordt een vijver gevoed.
Aan het water wordt de esthetische eis gesteld dat dit kleur- en reukloos is.
Regenwater kan in beginsel als weinig verontreinigd worden beschouwd. Na lange droogte kan er echter vuil van het dak meespoelen, daarom wordt het grofste vuil uit het water gefilterd door een grindbak voor het in de vijver terechtkomt. Verder kan de zuurgraad van het water beton en leidingen aantasten, wat wordt voorkomen door het in een kom te filteren voordat het in de vijver terechtkomt. Verder is door het toepassen van een watermuur voorkomen dat het water in de vijver alsnog vervuilt. Het water wordt hierdoor goed belucht zodat er geen anaerobe afbraak (stank) optreedt.
Het water bepaalt voor een groot deel de sfeer in de hal, en maakt dat de omstandigheden buiten ook binnen op een prettige manier te ervaren zijn.

# Spelen

Water in zijn verschillende verschijningsvormen heeft een magnetische aantrekkingskracht op kinderen. De handelingen van kinderen bij het spelen met water worden direct zichtbaar. Dit kan bijvoorbeeld door het maken van een stuw of het onderbreken van een straal.

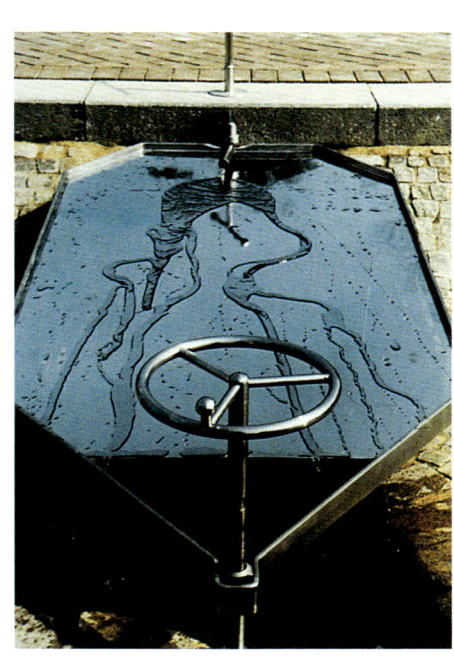

BuGa '97,
Gelsenkirchen

Verzamelbekken

## Schafbrühl, Tübingen

architect: Ebele, Tübingen
waterconcept: Dreiseitl
realisatie: 1989

Een levensverzekeringsmaatschappij was de initiatiefnemer voor het biologisch woningbouwproject Schafbrühl in Tübingen. Het waterconcept is onderdeel van een integraal biologisch bouwconcept. Er is ook aandacht besteed aan een verantwoorde materiaalkeuze, een ecologisch groenconcept voor de buitenruimte en een efficiënt energiegebruik. Als woningeigenaar had de levensverzekeringsmaatschappij de ervaring opgedaan dat een bouwproject uitgevoerd met traditionele bouwmaterialen en constructies op de lange termijn vanwege de grotere degelijkheid van de natuurlijke materialen minder onderhoud vereist. Bovendien verwachtte men een groeiende vraag naar gezonde woonruimte.

De ontwerper van het waterconcept wilde een boeiende leef- en ervaringsruimte voor kinderen en volwassenen creëren, waarbij de omgevingsfactoren optimaal zouden worden benut. Het water is een wezenlijk element bij de vormgeving van de buitenruimte geworden. De ontwerper beoogt met het aantrekkelijk

**Het binnenterrein in de winter**

vormgeven van de waterkringlopen te bereiken dat de bewoners een andere houding aannemen ten opzichte van de grondstof en het levenselement 'water', en dus bewuster omgaan met het water in huis: minder verbruiken en minder vervuilen.

Het project omvat 110 woningen waarvan de helft voor grote families. Er is gekozen voor gestapelde woningbouw in een open verkaveling, omdat dit aansluit bij de aangrenzende bebouwing: hoogbouw en boerderijen. Bij de verkaveling is rekening gehouden met de topografie, uitzicht, bezonning en windrichting. Hierdoor ontstaat een levendige, organische bebouwingsstructuur met geleidelijke overgangen.

Interessant in dit project is de vormgeving van de buitenruimte. Het hele buitengebied is openbaar. Bij het inrichten ervan is niet alleen gezocht naar een vorm die visueel aantrekkelijk is maar die ook allerlei functies vervult. Water in zijn verschillende verschijningsvormen – stilstaand, wervelend, stromend – speelt hierbij een bijzonder belangrijke rol. Water vervult een functie in de verbetering van het microklimaat en bij de luchtbevochtiging, bij het reguleren van de temperatuur en het binden van stof en is hier vooral zo vormgegeven dat het veel speelmogelijkheden voor de kinderen biedt. De waterlopen worden gevoed door het drainage- en regenwatersysteem en komen uit op een regenwatervijver. Al het regenwater wordt op het terrein vastgehouden of infiltreert in de bodem. Een afvoer van het regenwater via het riool is dus niet nodig. Het verharde oppervlak is tot een minimum beperkt. Er worden in het onverharde oppervlak natuurlijke materialen toegepast.
Er is geen apart speelgebied voor de kinderen, maar het terrein is zo vormgegeven dat de kinderen overal veilig kunnen spelen. Het binnengebied is autovrij. Er zijn geen privé-

tuinen. Wel is een gedeelte van het terrein voor moestuinen beschikbaar. Deze worden volgens biologische wijze bebouwd. Het organische afval wordt op het terrein gecomposteerd, het resterende afval wordt gescheiden ingezameld. Ook voor het onderhoud van het binnenterrein en de woningen is een milieutechnisch verantwoord plan ontwikkeld waaraan de huurders zich verplichten.
Het waterconcept is onderdeel van de buitenruimte en de waterspeelelementen. De integrale aanpak heeft niet tot extra kosten geleid; wel zijn de kosten voor de aanleg van een hemelwaterriool uitgespaard.

## Waterspeeltuin IJsselboulevard, Zutphen

ontwerp: Atelier Dreiseitl
realisatie: 1990

**Langs de IJsselboulevard in Zutphen is een waterspeeltuin gerealiseerd.
De loop van het het water is door kleppen en schuiven te beïnvloeden.**

# Kunst

Milieubewuste waterconcepten kunnen de belevingswaarde van de woon- en werkomgeving verhogen. Door integratie van water in gebouwen en de buitenruimte kunnen inspanningen voor een beter milieu en de werkingsprincipes van de (van de natuur afgeleide) processen zichtbaar en ervaarbaar worden gemaakt. De klank van stromend water heeft een aangename en rustgevende werking op de mens. Door de combinatie met planten wordt deze ervaring nog versterkt. Water zelf en de lichtreflecties in het water leveren een steeds veranderend beeld op.

## Waterwerk Nederlands Architectuurinstituut, Rotterdam

ontwerper: Maik Mager
realisatie: 1996

Het buitenterras van het NAi was tijdelijk voorzien van een watergordijn dat bij zonnig weer voor verkoeling zorgde. Het water uit de vijver werd gebruikt om de installatie van water te voorzien. Het gordijn was er drie minuten per kwartier. De stad werd erdoor op een afstand gehouden van het terras.

## Parc André Citroën, Parijs

opdrachtgever: Direction des Parques, Jardin et Espaces Vertes de la Villes de Paris
architecten: Patrick Berger, Jean-Paul Viguier, Jean-François Jodry
ontwerp: 1985
realisatie: 1996

In het stadspark André Citroën (de voormalige locatie van de Citroën-fabrieken) is op een speelse wijze 1,5 ha (op een totaaloppervlak van 14 ha) aan onder meer waterlopen en vijvers naast diverse fonteinen en waterspeelobjecten opgenomen. Het water stroomt overal in het park. In de Jardins Sériels zijn kleinere watervallen gemaakt. Diverse waterlopen doorsnijden het park en op het plein (pistyle d'eau) zijn ruim honderd wisselend spuitende fonteinen aangelegd.

## DLO-Staring Centrum, Wageningen

architect: B&D architecten
waterconcept: opMAAT
realisatie: 1998

Het SC-DLO in Wageningen doet onderzoek naar verschillende aspecten (stof- en waterstromen, bodem, bestrijdingsmiddelen, recreatie, klimaat, etc.) van het landelijk gebied. Bij de realisatie van het gebouw is bijzondere aandacht besteed aan de aspecten materiaalgebruik en water. Analoog aan de hoofdonderzoeksvelden van het centrum. Het regenwater van het dak wordt opgevangen en gebruikt voor de toiletspoelingen. Het water wordt in een waterkunstwerk in de hal zichtbaar gemaakt. In de ellipsvormige schacht met een verticale opening naar de hal is een glazen lift gemaakt. De binnenzijde van de lift is uitgevoerd als grondmonster, hierlangs stijgt en daalt de lift. In de opening naar de hal zijn glasplaten aangebracht waarlangs (in het gebouw aanwezig) demi-water stroomt. Dit is zichtbaar vanuit de liftkooi en geeft een versnellend respectievelijk vertragend effect bij het stijgen en dalen.

**Cascade langs de liftschacht**

**Reliëf in liftschacht**

**Waterbassin in de centrale hal**

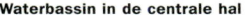

## Vrolikstraat, Amsterdam

opdrachtgever: Woningbouwvereniging Het Oosten, Amsterdams Fonds voor de Kunst
ontwerper: Erick de Lyon
ontwerp: 1997
realisatie: 1999

De rvs bakken in de hemelwaterafvoeren worden bij regen gevuld met water. Na de bui blijft er een laag water in staan die zonlicht op de gevel reflecteert. Hierdoor ontstaat er een wisselend lichtspel op de gevel. De bakken hebben een diameter van 60 cm. De bakken zijn dubbelwandig. De binnenste schaal is ondiep en zonder hoeken. Hierdoor blijft deze schaal schoon.

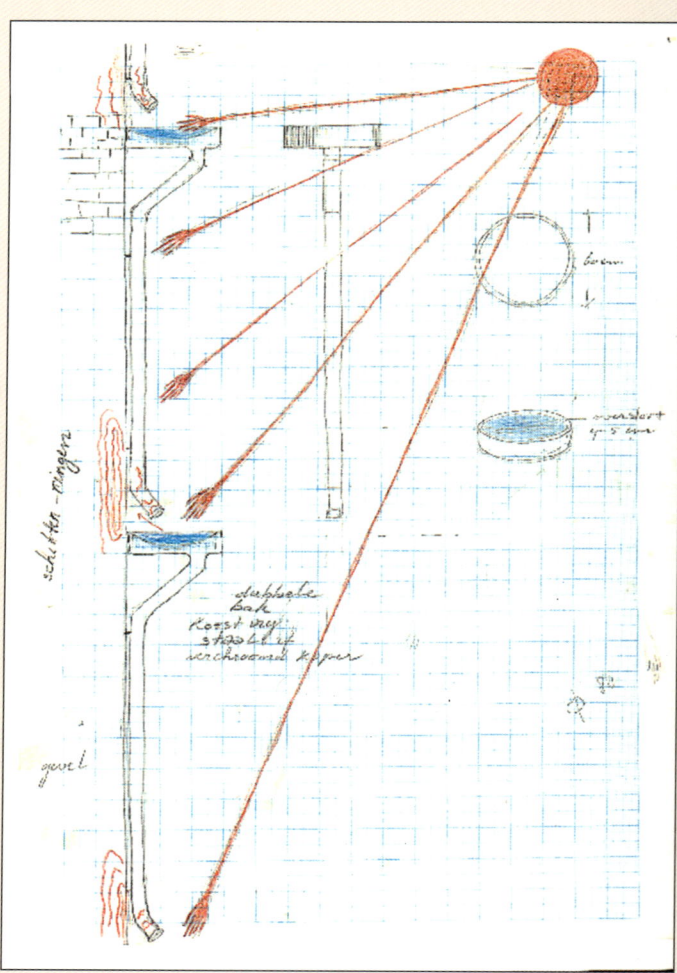

**Principeschets**

## Gemaal Middelveldsche Akerpolder Amsterdam-Osdorp

opdracht: Stadsdeel Osdorp
beeldend kunstenaar: Erick de Lyon
realisatie: 1996

Bij het gemaal langs de Haarlemmerringvaart in Osdorp, een ontwerp van beeldend kunstenaar Erick de Lyon, is ernaar gestreefd vormgeving en techniek te integreren. Dit gemaalcomplex voor de Middelveldsche Akerpolder bestaat uit een gemaalhuisje, een keerwand en een aquaduct. Alle onderdelen zijn uitgevoerd in gepolijst beton. Het polderwater wordt vanuit het gemaalhuisje zichtbaar, via buizen, in het aquaduct gepompt; vanuit het aquaduct stroomt het water in de ringvaart. Het aquaduct en het gemaalhuisje bevatten verwijzingen naar de stroom- en golfbewegingen van het water. De schijven die het aquaduct dragen zijn op wisselende onderlinge afstand geplaatst, waarmee de golfbewegingen in het water worden verbeeld. De belijning op het gemaalhuisje kent een vergelijkbaar patroon.

De ontstaansgeschiedenis van het complex is uitzonderlijk, omdat de stadsdeelraad een geïntegreerde kunsttoepassing in deze woonwijk wenste en daarvoor de samenwerking tot stand bracht tussen technici van de dienst RWA (Riolering en Waterhuishouding Amsterdam) en een beeldend kunstenaar.

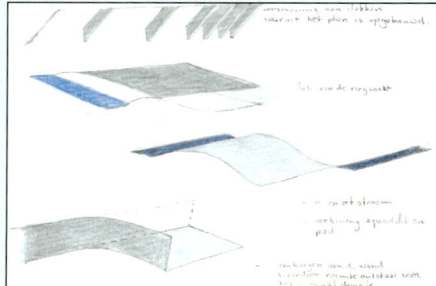
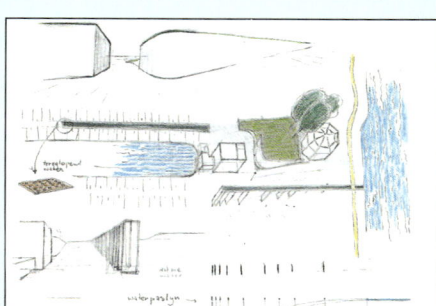

**Principeschetsen**

# Natuurontwikkeling

Uitgangspunt bij de terreininrichting is dat verschillende milieuaspecten en gebruiksmogelijkheden worden geïntegreerd in een inrichtings- en gebruiksconcept. Naast een zo gering mogelijk verhard oppervlak en het vasthouden van regenwater op het terrein is het streven om een zo groot mogelijke diversiteit in milieus te maken waardoor zich verschillende soorten dieren en planten kunnen vestigen. Er kunnen verschillende gradaties in vochtige en droge milieus worden gemaakt. Diversiteit in milieus zorgt voor afwisseling en daarmee ook voor een levendig beeld en een aantrekkelijke leefomgeving.

Reductie van het verhard oppervlak, regenwatervijvers, zuiveringsmoerassen en begroeide daken komen ook een gedifferentieerde flora en fauna ten goede. Om de identiteit en de natuurwaarde van de locatie te versterken, kunnen historische of bestaande waterlopen gehandhaafd of hersteld worden.

De combinatie van natuurontwikkelingsmogelijkheden met een watersysteem is op zich niet eenvoudig. Het uitgangspunt water vast te houden en te bergen impliceert een peilfluctuatie in open water en/of bodem. Het afstromende water is bijna altijd voedselrijk. Deze conditie is niet gewenst voor natuurontwikkeling. Door de reductie van de vervuilingen door de voorzuivering van het water en het aanbrengen van drempels

kunnen deze beperkingen ten dele omzeild worden.
Specifieke begroeiingstypen zijn afhankelijk van de voorziening (infiltratie of bovengrondse berging). Voorzieningen waaraan geen onderhoud wordt gepleegd, zullen snel verruigen.

116

NATUURONTWIKKELING

### Middelveldsche Akerpolder, Amsterdam-Osdorp

initiatief: Stadsdeel Osdorp
opdrachtgever: Stadsdeel Osdorp
ontwerp/waterconcept: opMAAT
realisatie: 1998

Voor de nieuwbouwlocatie Amsterdam-Osdorp is een plan gemaakt voor een ecologische 'stepping stone'. Een stepping stone is een onderdeel van een ecologisch netwerk. Dit plan laat zien dat een synthese tussen deze stepping stone-functie en bebouwing mogelijk is. De stepping stone is een onderdeel van het ontwikkelingsplan De Groene AS. In dit plan wordt een natte ecologische verbindingszone uitgewerkt die het Groene Hart

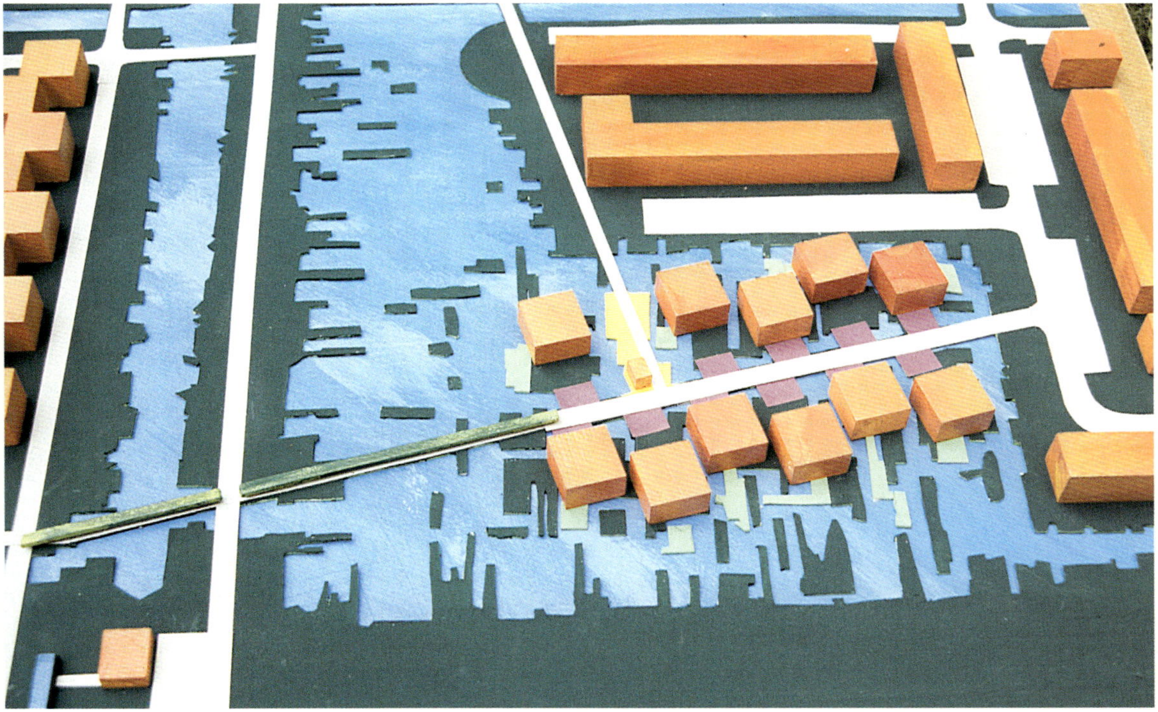

**Natuur gaat onder de bebouwing door**

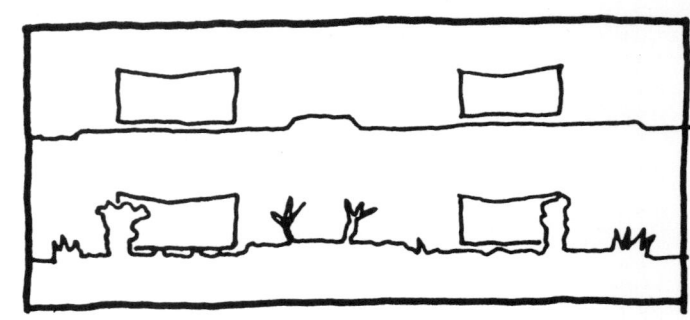

**Doorsnede**

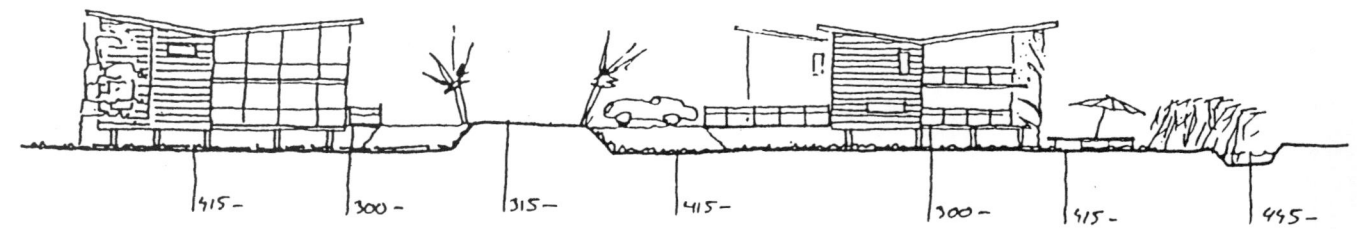

**Situatie na aanleg**

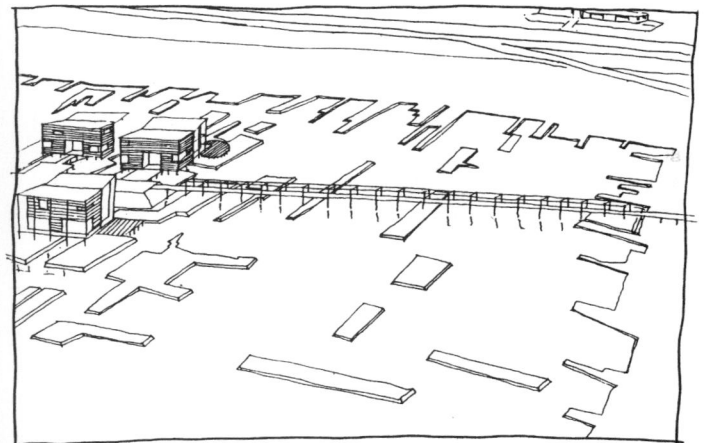

**Situatie na drie jaar**

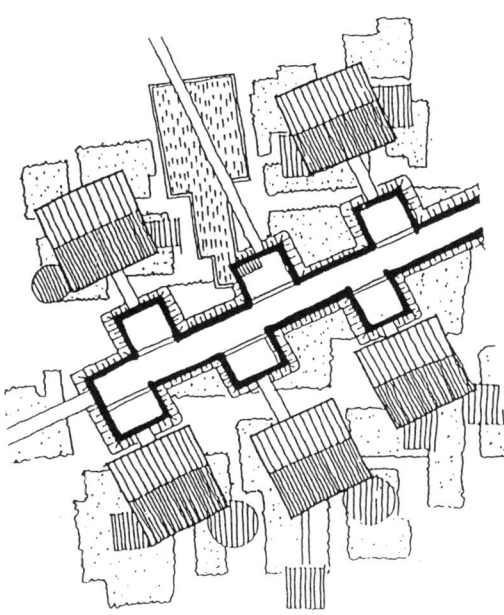

De woningen staan op eilanden aan de dijk

passing van een stepping stone in de groenzone draagt bij aan een diversificatie van deze soortenrijkdom.

Een ander gegeven was het contrast tussen dynamische en statische elementen. Terwijl biotoopontwikkeling bij uitstek een dynamisch proces is, zijn de gebruikelijke woonvoorzieningen statisch: gebouwen, straten en parkeerplaatsen. Recreëren en spelen vinden plaats in een overgangsgebied tussen beide elementen. In het streefbeeld wordt uitgegaan van een minimalisatie van de statische elementen die natuurontwikkeling in de weg staan. De biotoop kan zoveel mogelijk tussen en onder de woningen doorlopen, in dit geval dus het water, de moerassen en andere beplanting. De bebouwing fungeert niet als obstakel maar dient juist als kapstok voor natuurontwikkeling.

De twee-onder-een-kapwoningen komen verspringend langs een dijk te staan. Het laten verspringen van de rooilijn van de woningen vergroot de ecologisch functionele ruimte tussen de woningen. De dijk en de parkeerplaatsen zijn de enige werkelijk statische infrastructurele voorzieningen in het plan. De huizen worden vanaf de dijk door middel van loopbruggetjes ontsloten. De woningen zelf staan op palen in het water waardoor het landschap onder en om de woningen door kan lopen.

De landtongen en eilandjes worden loodrecht op de stroomrichting van de waterlopen gelegd. Hierdoor ontstaan gebieden met wisselende stroomsnelheden, wat een diversificatie van de verlandingszones tot gevolg zal hebben. Het benodigde stroomprofiel wordt (onzichtbaar) in de stepping stone doorgetrokken. Om een goede doorstroming langs de woningen te garanderen, zal een secundaire circulatie worden geïntroduceerd.

Ook de privé-kavels maken een essentieel onderdeel uit van de ecologische functie van het gebied.

(Amstelland) met Spaarnwoude verbindt. Naast een ecologische functie heeft deze zone ook een recreatieve functie.

Er waren diverse uitgangspunten bij de ontwikkeling van het streefbeeld. Ten eerste de reductie van de infrastructuur, niet alleen wat het verkeer aangaat – waardoor er minder verharding in de stepping stone nodig is, en er dus meer ruimte is voor water en groen – maar ook de reductie van de ondergrondse infrastructuur. Verder de introductie van zichtbare kringlopen waardoor het ecologisch rendement wordt vergroot (de maatregelen zijn zichtbaar en tonen effecten van het menselijk handelen) en het versterken van het beeld van de milieuwijk.

De tuinstad zoals deze in de MAP II wordt voorgesteld, is na enige tijd een goede biotoop voor planten en kleinere dieren. De toe-

De lobben- en eilandstructuur van de stepping stone heeft een toename van de oeverlengte van driehonderd procent tot gevolg en een evenredige toename van de natuurlijke zuiveringscapaciteit. Het van de openbare weg afstromende hemelwater wordt niet via een riool, maar direct vanaf de weg, naar het oppervlaktewater afgevoerd.

Het gehele concept resulteert in:

- ▶ meer mogelijkheden voor natuurontwikkeling;
- ▶ verbetering kwaliteit van het oppervlaktewater;
- ▶ achterwege blijven van een tweede riool voor regenwater;
- ▶ reductie van het drinkwatergebruik;
- ▶ een voor de bewoners inzichtelijk en aantrekkelijk systeem;
- ▶ een aantrekkelijke woonwijk.

Het beschreven project laat zien dat het mogelijk is om natuurfuncties en wonen te integreren door de toepassing van op de situatie afgestemde aantrekkelijk vormgegeven technische systemen. Vanuit dezelfde benadering kunnen ook grotere stadswijken worden ontwikkeld. Iedere wijk zal wel een ander gezicht krijgen, want uitgangspunt is een op de situatie afgestemde combinatie van centrale en decentrale systemen die gebruikmaken van de specifieke locatiekwaliteiten.

## Leidsche Rijn

opdrachtgever: Projectbureau Leidsche Rijn/SEV
ontwerp/waterconcept: H+N+S
realisatie: start 1996

Voor de VINEX-locatie Leidsche Rijn is een watersysteem ontwikkeld waarin in een vroeg planstadium naast civieltechnische eisen de vormgevingsmogelijkheden van het watersysteem zijn meegenomen. Het plangebied is omvangrijk en biedt straks plaats aan onder meer 30.000 woningen, bedrijfs- en kantoorterreinen, voorzieningen en recreatiegebieden. Het plangebied is op basis van de bodemgesteldheid, hoogte en grondwaterstanden in drie verschillende gebieden te onderscheiden. De kern wordt gevormd door een laaggelegen klei- en veengebied. Aan de noordoostrand en de zuidrand zijn er hoger gelegen droge en zanderige gebieden. Tussen deze gebieden zijn er overgangszones waarin kwel optreedt.

De verschillende gebiedskarakteristieken zijn als uitgangspunten gehanteerd bij het ontwikkelde watersysteem. Er wordt een onderscheid gemaakt tussen het natte (in het laaggelegen gebied) en het droge systeem (in het hooggelegen gebied). De doelstelling is het ontwikkelen van een duurzaam watersysteem geweest. Een belangrijke eis is het schoonhouden van het oppervlaktewater. Door het gebiedseigen water zoveel mogelijk vast te houden, kan de inlaat van gebiedsvreemd water (van een lagere kwaliteit) zoveel mogelijk beperkt worden.
De karakteristieken van de verschillende gebieden zijn bepalend voor de manier waarop er met het water wordt omgegaan. In het natte gedeelte wordt het water bovengronds afgevoerd naar het oppervlaktewater. In het droge gedeelte wordt het water op verschillende manieren in de bodem geïnfiltreerd. Het gebiedseigen water wordt, om de waterkwaliteit in het oppervlaktewater zo hoog mogelijk te houden, voor lozing op het oppervlaktewater of voor infiltratie gezuiverd.
De inlaat van gebiedsvreemd water die benodigd is om de drogere perioden in de zomer te kunnen overbruggen, vereist een zuivering. Deze zuivering wordt uitgevoerd in zuiveringsmoerassen.

De infiltratievoorzieningen in het droge systeem zijn op verschillende manieren uitgewerkt. Deze zijn te onderscheiden in systemen waarbij het water direct vanaf het maaiveld wordt geïnfiltreerd (dit zijn verdiept gelegen oppervlakken of greppels waarin het water zichtbaar blijft) en systemen waarin het water ondergronds wordt geïnfiltreerd (koffers, putten en sleuven). De systeemkeuze wordt bepaald door de mogelijkheden die het programma biedt.
Het infiltreren in de bodem heeft tot gevolg dat het water minder nadrukkelijk aanwezig is. In het plan is dit gebruikt om een identiteitsverschil tussen de droge en de natte gebieden te creëren. Bij de toepassing van de

**Concept plankaart masterplan Leidsche Rijn**

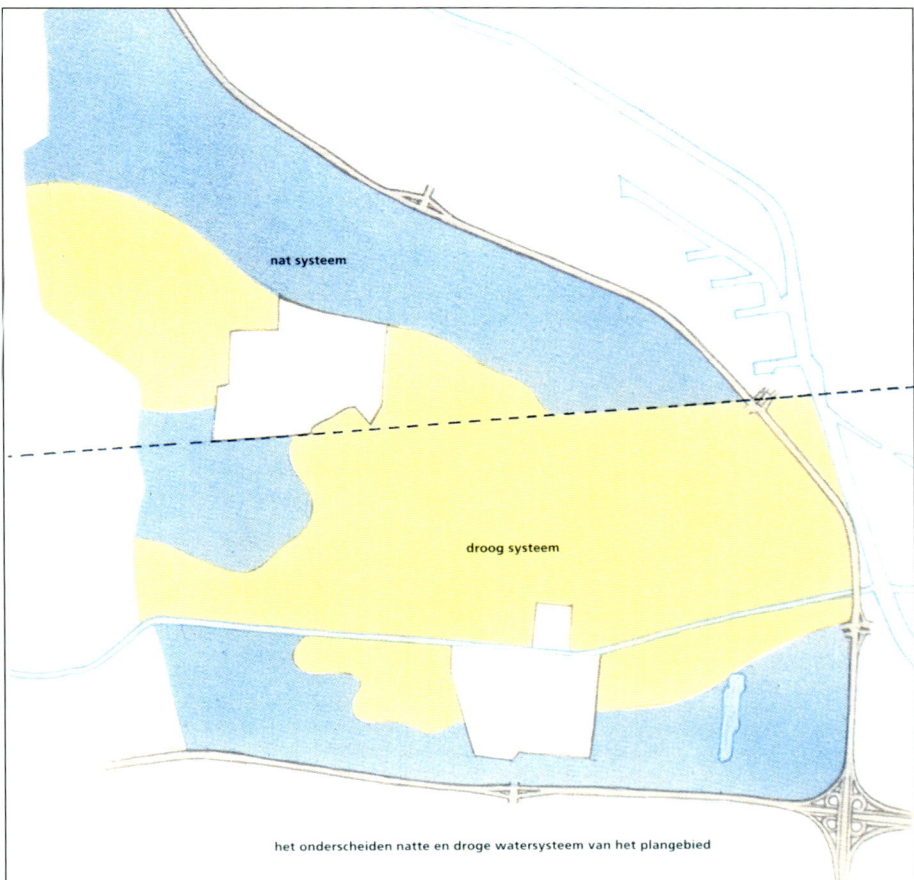

Het onderscheiden natte en droge watersysteem van het plangebied

het onderscheiden natte en droge watersysteem van het plangebied

infiltratievoorziening op het maaiveld zal het water periodiek wel zichtbaar zijn. Er is voorgesteld ook speelvelden, delen van de groenvoorziening en pleinen als infiltratievoorziening te benutten. De gebieden zullen na regen voor enige tijd onder water staan.

In het lage gebied is er een klei/veenbodem: het natte systeem. Een kleibodem is niet geschikt voor infiltratie omdat het water er niet door kan wegzakken. De aanwezigheid van veen stelt daarnaast een extra eis. Omdat een veenbodem geen grote wisselingen in grondwaterstand verdraagt, zijn de bergingsmogelijkheden in de bodem beperkt. Het afstromende water wordt in deze gebieden zoveel mogelijk in oppervlaktewater opgeslagen. Door de geringe peilfluctuatie is er in deze gebieden relatief veel wateroppervlak benodigd. Het water wordt in deze gebieden bovengronds afgevoerd naar het oppervlaktewater. Voordat het water in het oppervlaktewater komt, doorstroomt het een zone van elzenbroekbosjes, waarin het wordt voorgezuiverd.

## Het droge systeem

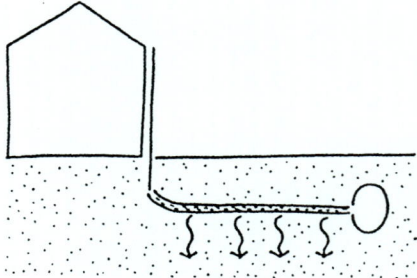

Riooldrain

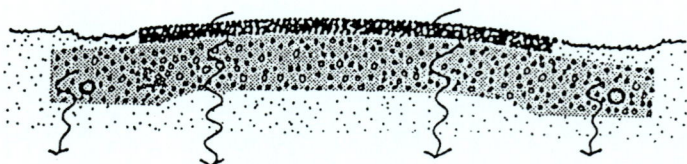

Doorlatende verharding

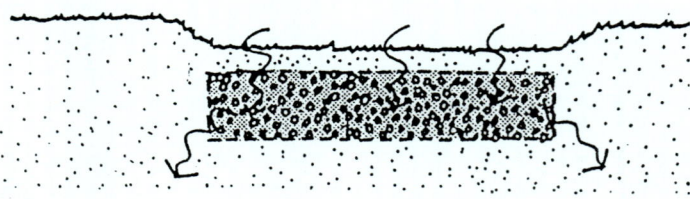

Infiltratievoorziening

## Het natte systeem

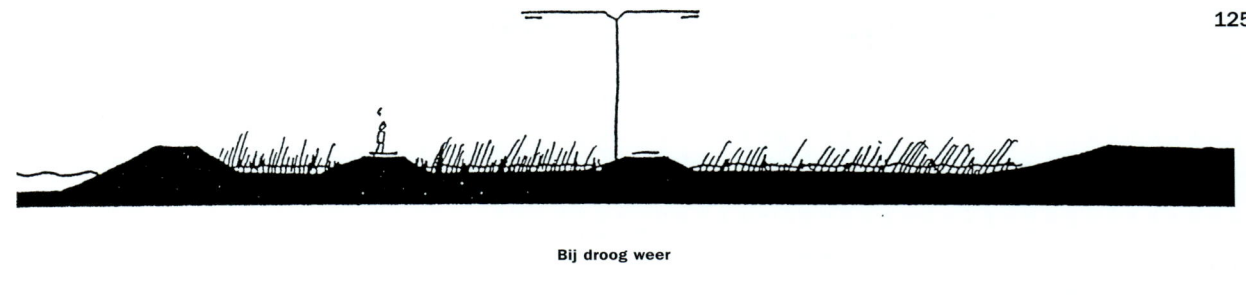

Bij droog weer

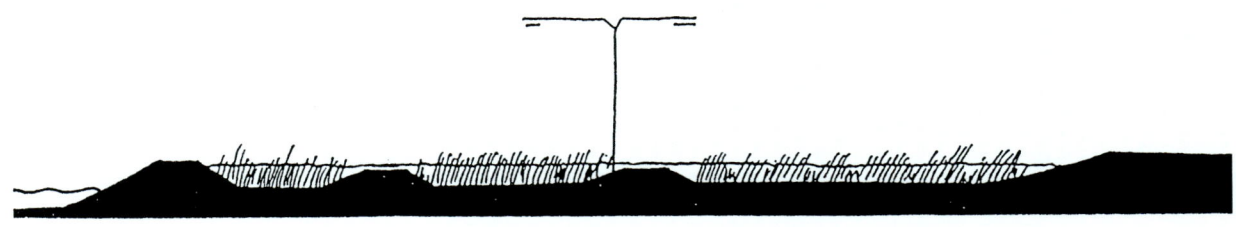

Na hevige regenval

Schaatsen

## Amsterdam-IJburg

opdrachtgever: Projectbureau IJburg
architect: dienst Ruimtelijke Ordening, Amsterdam

In het zuidelijk deel van het IJmeer wordt in 2000 begonnen met de bouw van ongeveer 18.000 woningen. IJburg wordt de nieuwe grote wijk van Amsterdam. De eerste fase bestaat uit ruim zesduizend woningen op het Haveneiland en de Rieteilanden. Het uitgangspunt voor de opzet en vormgeving is soberheid. De kwaliteit wordt voor een belangrijk deel bereikt door de relatie met het water. Elk eiland krijgt een eigen karakter. De eilandenstructuur en de nadrukkelijke aanwezigheid van oppervlaktewater maken het mogelijk in hoge dichtheden te verkavelen zonder dat de openheid verdwijnt. Alle woningen worden standaard uitgerust met een pakket milieuvoorzieningen, waarvan de waterhuishouding een belangrijk onderdeel vormt. De woningen worden voorzien van een gescheiden waterhuishoudingsysteem, een individuele watermeter en diverse waterbesparende voorzieningen. De materialen voor dakbedekkingen en hemelwaterafvoeren moeten zo gekozen worden dat de kwaliteit van het oppervlaktewater hierdoor niet verslechtert.
Het watersysteem van de eilanden kan door een sluis worden afgescheiden van het IJmeer. Als de waterkwaliteit van de eilanden even hoog is als die van het IJmeer, kan deze sluis open blijven staan en kunnen boten onbelemmerd in de wijk varen. Om de gewenste kwaliteit van het water te bereiken, worden strikte maatregelen toegepast. De belangrijkste zijn de toepassing van zachte en/of groene oevers, het beperken van emissies van verkeer of bouwmaterialen en bijzondere aandacht bij het ontwerp van de waterlopen. De grote oeverlengte en de verscheidenheid aan oevers dragen ook bij aan de ecologische diversiteit. Hiermee wordt gecompenseerd wat er aan ecologische functies in het IJmeer verdwijnt.
Op het Haveneiland en de Rieteilanden wordt het hemelwater op verschillende manieren verwerkt (zie tekening p. 47 GSP). De hoofdwegen worden voorzien van een verbeterd gescheiden stelsel, het hemelwater van de secundaire wegen wordt gezuiverd door infiltratie en de overige gebieden worden geheel afgekoppeld. Dit betekent hier dat het water wordt hergebruikt of direct (eventueel na voorzuivering) op het oppervlaktewater wordt geloosd of geïnfiltreerd in de bodem. Om de pieken regenwater zoveel mogelijk te dempen, moeten de daken en tuien in deze gebieden het water kunnen bufferen. Hiertoe worden ze zoveel mogelijk als groendak uitgevoerd en worden de tuinen zo min mogelijk verhard.

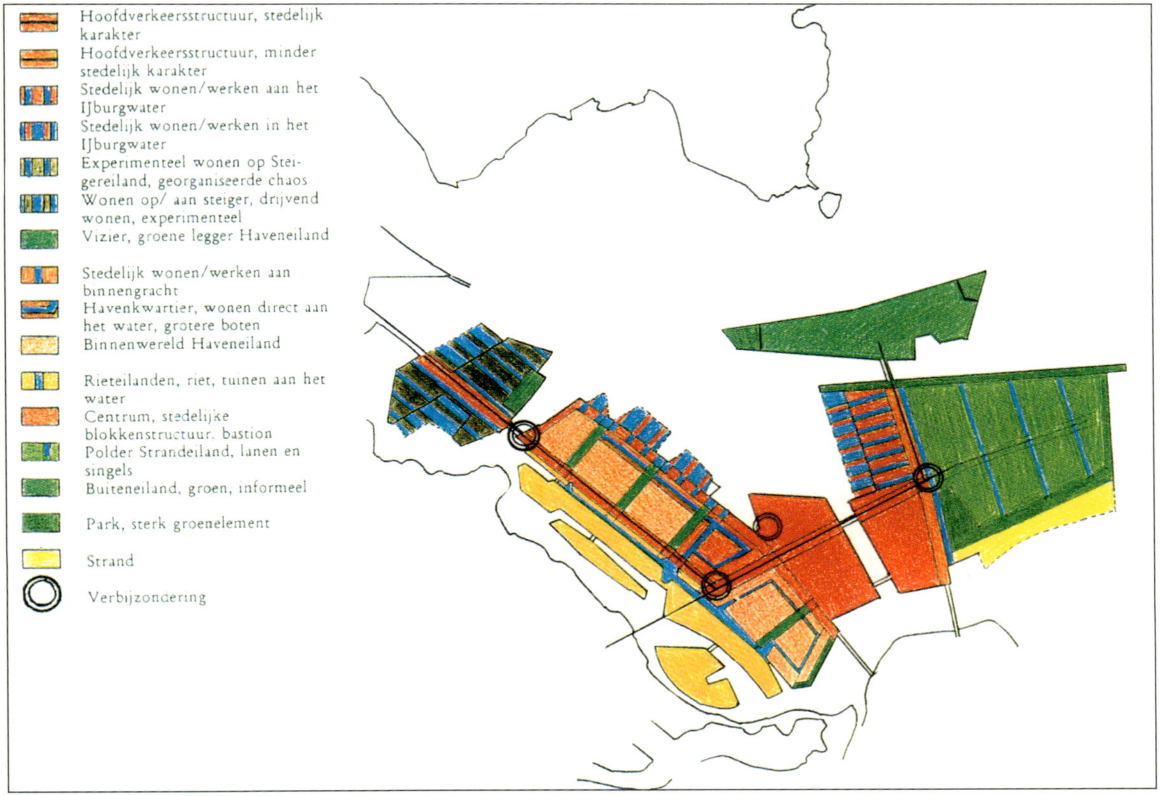

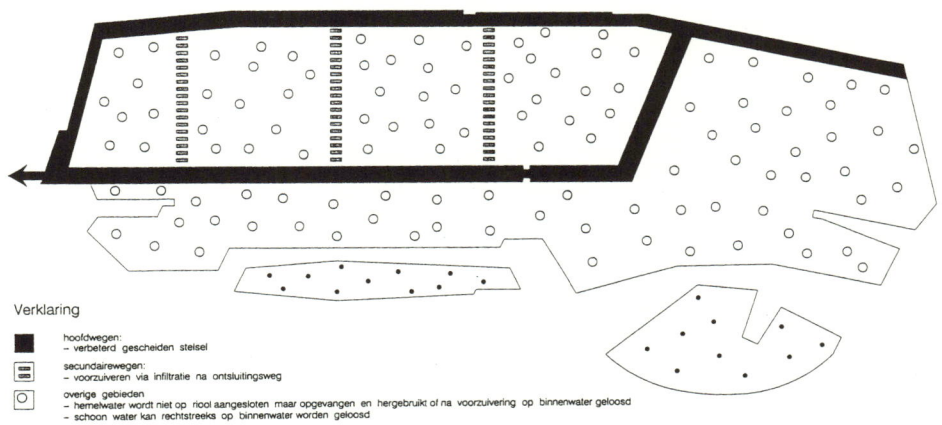

Het beeldkwaliteitplan: karakteristieken

Het hemelwater-afvoersysteem

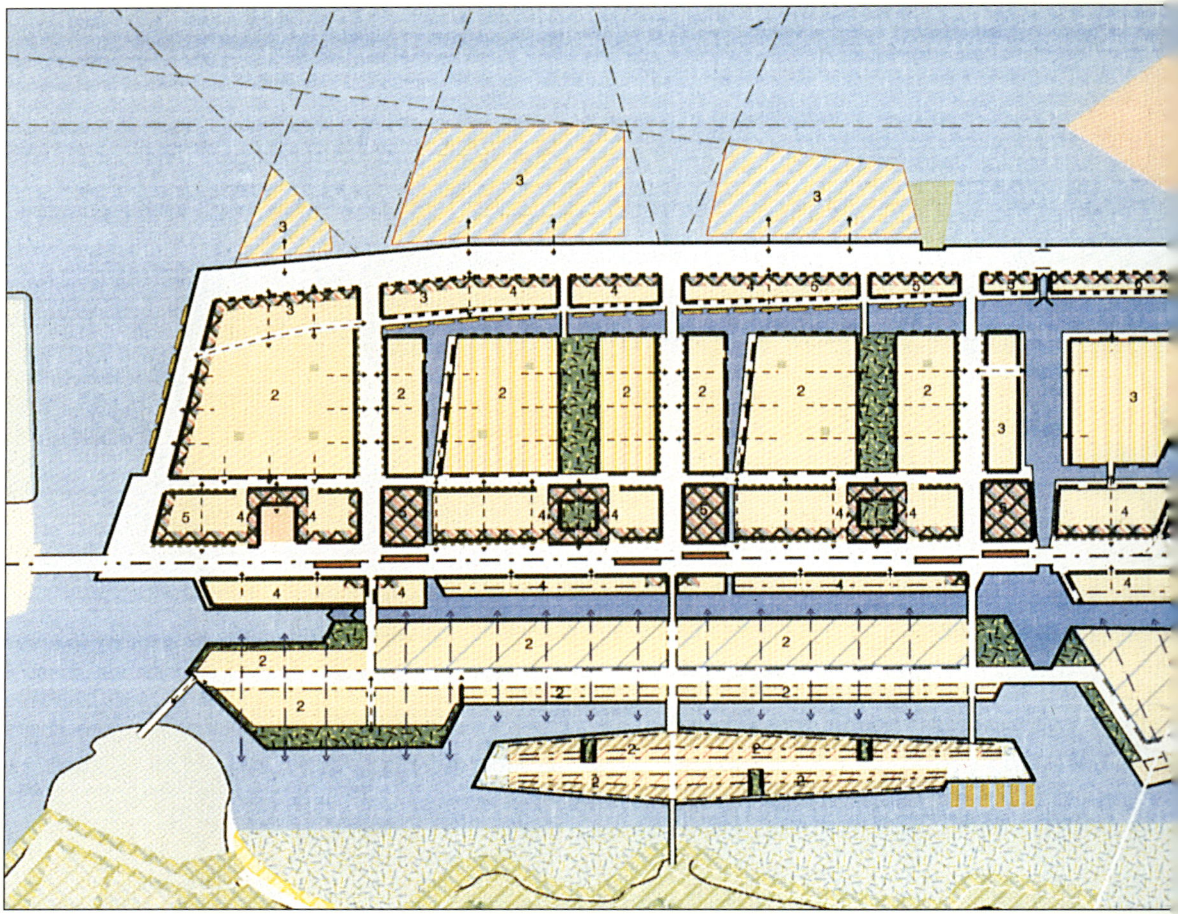

**Stad en Domein**
**(Rieteilanden)**

# ONTWERP VOOR IJBURG HAVENEILAND
## PLANKAART

Het ontwerp voor het Haveneiland en de Rieteilanden zoals opgenomen in het Globaal Stedenbouwkundig Plan

*natuurontwikkeling*

**Impressie Rieteilanden**

# Hoe verder?

Recent is er zeer veel aandacht voor water bij de realisatie van nieuwbouwlocaties. Water is in. Wonen aan het water verkoopt goed. Het tij is gekeerd; niet meer het zo snel mogelijk afvoeren maar afkoppelen, het plaatselijk infiltreren of direct op het oppervlaktewater lozen krijgen bij bijeenkomsten van de waterspecialisten alle aandacht. Iedereen praat over wadi's. Waterbesparende maatregelen zijn inmiddels standaard in nieuwbouw en renovatieprojecten. Het gebruik van regenwater voor de toiletspoeling en de tuin is uit de experimentele fase geëvolueerd, er zijn nu standaardproducten voor dit doel in de handel. In Ede wordt geëxperimenteerd met de aanleg van een tweede waternet voor een lagere waterkwaliteit die gebruikt wordt voor toiletspoeling. Ook voor de grote nieuwbouwlocaties Leidsche Rijn en IJburg is een dergelijk systeem geprojecteerd. De eerste voorbeeldprojecten met een grijswaterzuivering en hergebruik van het gezuiverde afvalwater zijn inmiddels ook in Nederland gerealiseerd.

De vraag is nu hoe gaat het verder. Wat wordt van al deze maatregelen zichtbaar. Wordt water werkelijk weer een zichtbare en beleefbare stroom in de stad die de leefkwaliteit in de wijk en dus voor de bewoners vergroot? Of worden er overal te pas en te onpas wadi's toegepast en komt er een ondergrondse tweede infrastructuur voor een centraal systeem voor gebruikswater.

De uitdaging is bij het ontwikkelen van alternatieven van een meer ecologisch waterbeheer het hele systeem af te stemmen op de locatiekarakteristieken met betrekking tot alle aspecten: bodem, grondgebruik, natuurlijke waterbalans, sociale structuur enzovoorts. Water kan dan een middel worden voor de diversificatie van de nieuwbouwlocaties, die vaak sterk op elkaar lijken en niets of nauwelijks meer iets van de verschillen in landschap, grond, vegetatie en ook woontradities van de verschillende streken laten zien. Ook in stadsvernieuwingssituaties in wijken met verschillende dichtheden en bouwvormen kunnen zichtbaar water of zichtbare delen van een ecologische waterkringloop een middel voor diversificatie en verrijking zijn. Dit is ook nu nog een haast onontgonnen gebied.

- Olof Alexandersson, Lebendes Wasser, Über Viktor Schauberger und eine neue Technik um unsere Umwelt zu retten, Stockholm 1994
- Pierre Bleuzé, Tobias Bader, Hiltrud Pötz, Handboek water in en om gebouwen, opMAAT (i.o.v. RGD), Delft 1995
- Pierre Bleuzé, Andy Dobbelsteen, Rob ter Ellen, Hiltrud Pötz, 'Waterbesparing in utiliteitsgebouwen', Bouwen en Milieu, WEKA, 7-94
- Pierre Bleuzé, Rob ter Ellen, Hiltrud Pötz, 'Waterbeheer', Bouwen en Milieu, WEKA, 8-93
- Hadewijch Bouvard, 'Een futuristisch hof van Eden', NRC Handelsblad 3 juni 1993
- Andy van de Dobbelsteen, Hiltrud Pötz, De verborgen milieukosten van water, opMAAT (i.o.v. RGD), Delft, 1995
- Daimler Benz AG Potzdamer Platz Project, Entwurf/Planung Aussenbereiche und urbanes Gewässer, Planungsgemeinschaft Atelier Dreiseitl Renzo Piano Christoph Kohlbecker, augustus 1996.
- Walter Dejonghe, Eugène Jacobs, Waterwijzer, Baarn 1991
- Milton van Dyke, An Album of Fluid Motion, Stanford 1982
- Govert Geldof, Adaptief waterbeheer, Deventer 1994
- Mark Glotzbach, 'Eilandenrijk zonder franje', Haagsche Courant, 7 april 1998
- Ekhard Hahn, Wolfgang Lautenschläger, Hiltrud Pötz, Stand und Probleme der technischen Seite des ökologischen Stadtumbaus, Arbeitsgemeinschaft Ökologischer Stadtumbau, Berlin 1989
- Het Haveneiland en de Rietlanden. Globaal stedenbouwkundig plan, Projectbureau IJburg, Amsterdam 1998
- Ot Hoffman, Handbuch für begrünte und genutzte Dächer, Stuttgart 1992,
- Katalog zum Stand der Projekte Frühjahr 1993, IBA Internationale Bauausstellung Emscher Park, Gelsenkirchen 1993
- John Jacobs, Geld als water. Handleiding voor ontwerp en gebruik van hemelwaterinstallaties, SEV, Rotterdam 1996
- Anneliese Latz, 'In die Landschaft gefügt', Garten + Landschaft 10/1996
- C.L. van der Lugt e.a., Bouwen aan helder water, VNG, Den Haag 1996
- Maik Mager, Waterwerk NAi, 1996
- Charles W. Moore, Jane Lidz, Water + Architecture, London 1994
- Hiltrud Pötz, 'Drie voorbeelden van bio-ecologisch bouwen en wonen', Volkshuisvesting, 1989, nr. 7/8
- Hiltrud Pötz, 'Maak er iets moois van', Klimaatbeheersing, jrg. 21, 1992, nr. 9
- Hiltrud Pötz, 'Zintuigen centraal in Ökohaus', Bouw, jrg. 47, 1992, nr. 19
- Hiltrud Pötz, Mens- en milieuvriendelijke kantoren in Duitsland, Stuurgroep Experimenten Volkshuisvesting, 1994
- Hiltrud Pötz, 'De stedebouwer en het water, duurzaam waterbeheer', Het Waterschap, jrg. 79, 11-94, nr. 20
- Hiltrud Pötz, 'Duurzame water- en natuurbeheersconcepten en woonwijken', Bouwen en Milieu, WEKA, 11-95
- Hiltrud Pötz, 'Naar een integratie van vormgeving en techniek', jubileumuitgave Duurzaam Bouwen, De Friese Bouwkring, 1995
- Hiltrud Pötz, Pierre Bleuzé, Klimaatregeling en waterzuivering in kantoorgebouwen met behulp van natuurlijke systemen, opMaat, Delft 1991
- Hiltrud Pötz, Pierre Bleuzé, Waterbeheer in kantoorgebouwen, opMAAT(i.o.v. RGD), Delft november 1990
- Hiltrud Pötz, Pierre Bleuzé, Klimaatregeling en waterzuivering met behulp van natuurlijke systemen, opMAAT (i.o.v. RGD), Delft augustus 1997
- Theodor Schwenk, Das sensible Chaos: strömendes Formenschaften in Wasser und Luft, 8. Aufl., Verlag Freies Geistesleben, Stuttgart 1991
- W.A. Segeren, H. Hengeveld, Bouwrijp maken van terreinen, (SBR 99), Deventer/ Den Haag
- Norman Smith, Mensch und Wasser, Geschichte und Technik der Bewässerung und Trinkwasserversorgung vom Altertum bis heute, Berlin 1985
- Sybrand P. Tjallingii, Ecologische Condities, Strategieën en structuren in planning en ontwerp, Publicatieburo Bouwkunde Faculteit der Bouwkunde/ Technische Universiteit Delft, 1996
- Maggie Toy (ed.), 'Architecture & Water', Architectural Design, London 1994
- Waterpalet, veelkleurige waterprojecten in stad en omgeving, NPSE, 1995
- Watersysteem Groote Wielen, Schetsboek, H+N+S Landschapsarchitecten, Utrecht 1996
- Wohin mit dem Regenwasser?, Arbeitshilfe für einen ökologisch ausgerichteten Umgang mit Regenwasser in Baugebieten, Pesch & Partner - Städtebau Herdecke, Essen 1993
- Rudolf van Woldeck, 'Der Stoff, durch den wir sind', Kursbuch 92, 1988

## Adressen

**Atelier Dreiseitl**
Nussdorferstrasse 9
D-88662 Ueberlingen
0049-755192880

**Copijn**
Tuin- en landschapsarchitecten bv
Postbus 9177
3506 GD Utrecht
030-2612194

**Arch. H. Deubner**
Hochwaldstrasse 37
A-2230 Gänsendorf-Süd
0043-22827289

**Arch. J. Eble**
Berliner Ring 47a
D-72076 Tübingen
0049-707196940

**Björn Guterstam**
Stensund Wastewater Aquaculture
Stensund Folk College
S-61900 Trosa
0046-15653217

**H+N+S**
Postbus 10156
3505 AC Utrecht
030-2445757

**Internationale Bauausstellung Emscherpark**
Leithestrasse 35
D-4650 Gelsenkirchen 1
00-492091703

**Kuiper Compagnons**
Postbus 29059
3001 GB Rotterdam
010-4330099

**Latz + Partner**
Amperthausen 6
D-85402 Kranzberg
0049-8166 67850

**Living Technologies Ltd**
The Park
Findhorn
Moray IV36 0TZ
0044-1309 691258/641298

**Erick de Lyon**
Westerdoksdijk 25
1013 AD Amsterdam
020-6259214

**Maik Mager**
Crooswijksesingel 29b
3034 CJ Rotterdam
010-4137547

**opMAAT**
Pluympot 3
2611 LX Delft
015-2138423

**Tauw**
Diepenveenseweg 159
7413 AP Deventer
0570-699300

**Zeisel-Sanitärtechnik**
Fritschestrasse 27/28
D-1000 Berlin 10
0049-303423092